挑出

專買「一年會漲三倍」的爆賺小型股，
3萬本金在10年滾出3000萬！

穩賺股的

100%

獲利公式

遠藤洋 **Hiroshi Endo**　　張婷婷——譯

| 第6章 | 股票投資基本功：
「何時買」、「何時賣」

| 第7章 | 專家的三張賺錢線圖

| 第8章 | 股票投資不能做的8件事

3萬本金選對穩賺股，10年滾出3000萬！

出發點正確，但心態錯誤！

我開始投資，是在大學三年級的時候。

大學時的暑假是從八月到九月，有兩個月的時間。

這期間當中，我想到「那就開始做些新的事情吧」，於是腦海中突然浮現的，剛好就是「投資」。雖然是未經深思熟慮的一時興起，但是卻成為我人生的轉捩點。

話雖如此，我當時幾乎沒有什麼投資的知識，只有在電影或漫畫裡看過幾幕片段的內容，懵懵懂懂的有一種「大筆來大筆去好像很帥氣」的印象。

就這樣，不過是打發暑假時間的感覺，以為「若是順利的話還可以賺錢，不是一舉兩得嗎？」想得很愜意。

（結果這樣的想法害了我，不久就嘗到苦果……）

就算說是投資，到底具體上要做什麼、該做什麼，我完全都不明白，真的是「投資知識零」。

於是，我開始從網路上查了許多和投資有關的文章，從完全新手的狀態開始。

完全零知識，挑戰FX交易

雖說是投資，但投資種類之繁多，我當時也渾然不知。

查了之後才知道，除了股票之外，還有個人式國債、公司債、投資信託基金、ETF（上市公司投資信託基金）、REIT（不動產投資信託基金）、黃金、期貨、FX（外匯保證金交易）等許多種類。

而在這麼多種投資選項當中，我以「可以小額投資」的理由選擇了FX。可是，當時的我完全不知道「FX」是什麼東西。

我的座右銘一直是「習慣勝於學習」，覺得「總之就先試試看好了」，於是我的第一筆投資，就這樣一時興起的開始了。

首先在網路上找到網路證券公司、開設了FX帳號，然後把當家教打工賺來的30萬日圓當「保證金」存入。

對當時還是大學生的我來說，30萬日圓是相當大的一筆錢。而且我還把當時放在銀行戶頭裡的所有財產幾乎都投進去了。

FX如果利用槓桿（保證金倍數）的話，就能用比實際存入的保證金更大的金額來操作。

當時的FX可以利用信用槓桿到100倍，因此30萬的保證金，竟然最高可以操作到3000萬日圓！我連這樣的基本規則都不知道，就開始做起了高風險的FX。

沒做功課，轉眼間賠光

就這樣，我在不知所以的狀態下，登入了網路證券的網站，輸入了「美元／日圓、買入10個單位」，就按下了下單的按鈕：「就試試買個10單位看看吧！」

然而，當我後來得知這個是指「10萬美元」、換算成日圓，就是超過1000萬日圓的買單時，馬上嚇到臉色發白。

以我當時這樣一個投資大外行，用如此輕率的心態出手做FX，當然不可能順利。

我很快地就賠光所有的保證金，幾乎可說是失去了當時全部的財產，相當沮喪……。

但是，我並沒有因此放棄投資，經過這次賠光身家的教訓後，我反省自己的心態和作法，一定要在投資之前，先努力做功課才可以！

從那時候起，我就買了投資的書和雜誌，然後從基礎開始學習投資。

買知名企業的股票，
獲利卻少得可憐？！

因為FX而口袋空空之後，我又重新用打工存下的10萬日圓來當本錢，這次決定投資股票。

改投資股票的原因是，隨著我逐步學習了各種投資相關知識後，已經知道FX就是有人賺錢就一定有人賠錢的零和遊戲。更正確來說，是手續費被證券公司拿走的「負和遊戲」

FX的架構非常簡單，是透過交換兩國的通貨，由價格差異產生利益或損失。

比方說，用100日圓買了1美元，用110日元賣掉就會得到10日圓，用90日元賣掉就會損失10日圓，它的架構是這樣。

買美元的時候，背後一定是有人賣出。

那就是一種某個人獲得的話、另一個人一定是損失的規則，而你的對手是金融的專業人士。

你有自信，
可以贏得了金融專業的對手嗎？

跟FX這種模式不同，股票則是一種如果精挑細選出價格會上漲的個股，那麼大家都能夠得到利益的正和遊戲（投資）。

這次我為股票交易開了證券帳戶，把資金存入。

起初我想，「總之就先投資有聽過名字的知名企業吧！」於是就試著投資家喻戶曉的大企業，或是股東優惠很具魅力的個股。

由於是家喻戶曉的知名大企業，因此我模模糊糊地認定，這當作投資標的看起來很安穩。

然而再怎麼等，股價也是拖拖拉拉、沒有要上漲的樣子。誰知不但沒有上漲，這檔我認為是穩當的知名企業，股票竟然開始慢慢下跌了。

當初打的如意算盤落空，我一面焦慮的想「為什麼？這太奇怪了！」，一面著手做各種調查。

結果經過調查，就看出了為什麼知名企業反而股價慢吞吞、不會上漲的根本原因了──

（1）在市場上已經具有龐大市占率的知名企業，成長空間很小。

（2）知名企業因為知名度高，大家都已經持有該公司股票，新入場的買家很少。

這時候，我注意到一件重要的事：「投資市值低的公司，成長數倍的可能性較高！」

對我而言，這便成為投資上的轉捩點。直到現在，我在尋找個股的時候，**一定會盡量把投資對象聚焦在市值仍小的公司（小型股）身上**。

規模小無所謂，會成長才重要！

我將投資的目標從知名大企業，轉移到規模仍小的公司，其實這個想法不光只適用在投資對象上。

我當時正在找工作求職，投資上有所領悟後，**我投履歷的對象，也是聚焦在「即便目前還是無名小公司，但是不久的將來即將成名，成長空間還很大的公司」**。

投資是把自己的「錢」投進去，而求職是把自己的「時間」投進去。投資跟求職，基本上的想法是一樣的。

我雖然參加過各種公司的徵才說明會，但是大企業給我的印

象是「每一家都差不多」，完全引不起我的興趣。

因此，作為一個要投入寶貴時間的就職對象，這種讓我感覺不到魅力的大企業，就被我從候選名單中除名了。

我在大學畢業後，曾經任職於經營旅行比較網站「Travelko」的「Open Door」這家IT創投公司。

2010年進公司時，還是未上市企業，但僅僅五年後的2015年，就進入東京MOTHERS市場（東京證券高成長新興產業股票市場），隔年的2016年就前往東京證券一部上市了。

近年「Travelko」的電視廣告經常播出，因此我相信應該有很多人都知道。

而Open Door在上市之後，市值成長了6倍以上！我也因此深信自己的眼光無誤，自信十足。

了解公司怎麼賺錢，才能買對好股

Open Door的創辦人關根大介社長，是相當於松下電器產業（現為Panasonic）創辦人松下幸之助的孫字輩人物，他對我非常的照顧。

每個星期他都會邀我去喝一杯，從商業的原理原則、到公司裡員工的角色等，身為一個社會人士至為重要的學問，我都從他身上學到了。

其實我「集中投資中小型股」的投資風格，有很大部分也是因為當時關根社長給我的教誨，還有在Open Door時的工作經驗給我帶來的影響。

☑ 做生意就是讓客人開心

☑ 主管也是客人之一，所以也是你取悅的對象

☑ 要完全站在使用者的角度來思考

☑ 把做不到的理由都列出來，也不會生出一毛錢來

☑ 思考做得到的方法，才能創造價值

☑ 創業的社長跟受雇的社長，他們的強韌度有壓倒性的差異

☑ 經營最重要的是決定「不要做的事」

在Open Door時，以一個剛進公司不久的年輕員工來說，我在社群網站（SNS）的營運、新事業的企劃、錄取新人等各方面，都獲得了相當大的決策權。

另一方面，我個人私底下也持續投資，在股票投資上獲取了重大利益。

透過工作理解了商業及公司的組織架構，在投資上的表現，也因此有了戲劇性的大幅成長。

不小心睡著，結果一晚噴掉800萬！

不過，就在某一天，我在投資上不小心犯下了重大失誤。

晚上在自家床上一面打滾一面用手機進行FX交易的時候，就這麼不小心睡著了。

第二天早上，當我一邊揉著惺忪睡眼醒來，一邊看著手機畫面，發現螢幕上出現「紅色的7位數字」。

仔細一瞧，那是800萬日圓的赤字！也就是說，我一個晚上

就損失了800萬這麼大一筆錢！

放了1000萬日圓的FX帳戶餘額，減少到只剩下200萬日圓。

因為仍在睡眼朦朧的狀態下看手機，我還認為「這應該是做夢吧」，總之又倒頭睡回籠覺。

後來再醒來，一夜失去800萬日圓這個事實仍然不變。我雖然是正向思考的人，但還是不免沮喪了一個星期。

因為這個失誤，我得到的教訓就是「像FX這種價格波動激烈的交易，一定要在清醒狀態下、盯著價格線圖的畫面才可以做！」

就連這樣理所當然的事，我也因為出現重大損失、實際嚐到苦果才真的明白。

像FX或期貨這樣，不只是投入金錢，還得要投資自己的時間下去盯著線圖才可以做的投機交易，由於違反了我「為了在金錢方面不受束縛，所以才投資」的理念，這次的「800萬日圓事件」便成為起因，我很乾脆的放棄了這類型的投資。

集中投資小型股，讓資產翻倍增加！

在進入職場、成為社會新鮮人後，我卻還是像大學時代一般，又在FX上出現重大損失，但是我仍然沒有放棄股票投資。

相反地，我將投資所得的利益又投入下次交易，滾出「複利」，再加上薪水或獎金的一部份加碼投資，運用在股票投資上的金額慢慢增加。

這時候，我的投資目標是JASDAQ或東京MOTHERS市場

之類新興市場的小型股，例如：聯盟行銷（affiliate）廣告的
「FANCOMI」（2461）、暢銷手機遊戲「龍族拼圖」的
「Gungho線上娛樂」（3765）、生技創投的「Euglena」
（2931）等，**也因此一口氣增加了個人資產！**

　　就這樣，用投資而增加的資金為本錢，我在Open Door工作
了三年，在26歲時離開公司、獨立創業了。

　　我用相當保守的方式，先估算了公司的資金及營運資金、自
己的生活費和投資資金等，籌措到「幾年沒有收入也能生活」的
金額之後，才下定決心創業。

　　這都是我歷經了一夜蒸發800萬的失敗也不放棄、持續投資
的結果所賜。

　　**而在獨立創業之後，由於集中投資暢銷手機遊戲「怪物彈
珠」的公司Mixi（2121），使資產更進一步增加了7倍以上！**

　　各位請注意，當時我是將「企業資金」與「投資資金」完全
切割開來。

　　無論我因投資增加了多少資產，如果經營公司不能賺錢的
話，那就失去了創業的意義。

　　因此，即便我在投資上賺了錢，有一段時期仍然住在每天租
金1000日圓的分租公寓（share house）中生活。

用一檔股票，獲利一口氣破千萬！

　　我還在Open Door工作的時候，曾經為了規劃手機用的新事
業做過遊戲相關產業的徹底研究調查，在獨立創業之後也發揮自

已的興趣與強項，以「COLOPL」（3668）、「Aiming」（3911）、「任天堂」（7974）等遊戲個股為目標集中投資，增加了資產。

在投資前，**由於先預設了自己能容許的損失上限，最多也只有負10～20％左右的程度；即便投資個股的一半都損失了10～20％左右就停損，只要剩下的一半股票都能夠翻倍，那麼整體情況來說還是很大的正數。**

這幾年因即時翻譯機「POCKETALK」而聲名大噪的「SOURCENEXT」（4344）、健康食品網路販售的「北方達人公司」（2930）、針對醫師提供服務的「MedPeer」（6095）等，這幾檔的股票價格，都已經是我買入時的好幾倍了。

特別是北方達人公司，約1年半股價就超過10倍，光是這一支股票就獲利破億了！

這段作者前言實在是長了些，不過，接下來就讓我詳細地為各位說明自己的投資方法吧！

 什麼是「小型股」？

是指「市值」小的公司的股票

所謂市值，簡單來說就是「如果要將那家公司整個買下的價格」。

在東京證券市場第一部上市的企業（超過2,000家）裡面，市值前一百名的個股就是「大型股」，而次之的400支個股，就是「中型股」，除這些以外的就是「小型股」。

在新興市場的「JASDAQ」、「MOTHERS」（東京證券交易所）、「Centrex」（名古屋證券交易所）、「Ambitious」（札幌證券交易所）、「Q-Board」（福岡證券交易所）等上市的個股也是小型股。在這本書中，就是以「市值總額在300億日圓以下」的小型股為標的。

Q 「集中投資」 是什麼意思？

基本上是指集中投資 一檔個股

　　就是找出「一年內股價可能會漲3倍以上」的股票，以集中投資該股為基本操作方式。

　　跟分散投資不同，可以用「尋找→買入→賣出」的方式，仔細判斷有展望的個股，容易提高成功率。操作金額增加的話，也可以投資多支個股，但是要以「最多只投資3檔股票」為標準。

> 要集中投資1年內股價可能
> 會翻3倍以上的股票哦！

集中投資小型股的實績！

集中投資小型股的表現
（期間與股價為概算數字）

SOURCENEXT（4344）

主力商品是PC用的低價位軟體，在處理電腦病毒的軟體中市占率排行居於高位，以及即時翻譯機「Pocketalk」非常暢銷。

150日圓→**750**日圓　　約1年**變成5倍**

關注時期 2017年10月

關注理由 號稱實現了多啦A夢翻譯蒟蒻的「Pocketalk」發行後，正好碰上訪日觀光客增加的時機，因此獲得好評。

Phil Company（3267）

向計時停車場的業主，提出利用停車場上方空間建設空中店舖（出租店舖）等的企劃提案。

2000日圓→**9,000**日圓　　約6個月**變成4.5倍**

關注時期 2017年8月

關注理由 在都市區域的停車場，利用上方空間建造建築物的Phil Park事業，對地主來說有很大的利益，沒有拒絕提案的理由，其成長性獲好評。

北方達人公司（2930）

營業模式為以寡糖為原料的「快適寡糖」等健康食品或化妝品的網路販售。

70日圓→**1,000**日圓　　約1年**變成14**倍

關注時期 2017年3月

關注理由 以獲利率高為取向的商業模式，急速成長的未上市企業。創業社長將過去因為跟風而失敗的經驗中學到的商業模式加以重整而得到高評價。

Brangista（6176）

以廣告模特兒的電子雜誌開展事業，後公開發行由秋元康負責導演督導的手機遊戲。

1500日圓→**15,000**日圓　　約6個月**變成10**倍

關注時期 2016年10月

關注理由 由秋元康製作的手機遊戲「神之手」，非常具有話題性，在上市前便發表了強勢評論，故預測會因為事前期待值拉動股價急速上升。

Pepper Food Service（3053）

旗下有牛排店「Pepper Lunch」和立食店「IKINARI！STEAK」
等事業體。

600日圓→**8,000**日圓　　約9個月<u>變成</u>**13倍**

關注時期 2016年2月

關注理由 在東京都內偶然看見「IKINARI！STEAK」的排隊
行列而開始注意，到後來股價開始上漲之前雖然花了約一年
左右的時間，但仍持續追蹤關注。

GOLDWIN（8111）

運動服的中堅品牌，也以戶外運動用品品牌「The North
Face」等開展事業。

4000日圓→**18,000**日圓　　約3年半<u>變成</u>**4.5倍**

關注時期 2015年10月

關注理由 在2015年9月，他們對山形縣鶴岡市一家以蜘蛛絲
製作纖維的新創公司「Spiber」出資時開始關注。他們花了
很長時間培育出來的人氣品牌「The North Face」銷售情況不
錯，這一點也很受好評。

RIZAP GROUP（原「健康CORPORATION」2928）

以減重健身房「RIZAP」及美容和健康的電購開展事業。

40日圓→**270**日圓　　<u>約1年**變成6.8**倍</u>

關注時期 2014年6月

關注理由 當時看了RIZAP的廣告，著眼於它是具有需求性的服務。之後又經過反覆合併、收購（M&A），在高峰時期股價成長到超過1,500日圓。

Mixi（2121）

經營社群網站「Mixi」、手機遊戲「怪物彈珠」為主收入來源。

300日圓→**6,000**日圓　　<u>約9個月**變成20**倍</u>

關注時期 2013年11月

關注理由 推測怪物彈珠會大紅。預測會與稍早之前因為「龍族拼圖」大暢銷使股價急速上升的「GUNGHO線上娛樂」（3765）有同樣的價格變動。

Euglena（2931）

運用「眼蟲藻」的功能性食品與化妝品的販售。

300日圓→**3,000**日圓　　**約5個月變成10倍**

關注時期 2013年1月

關注理由 2012年12月在東京MOTHERS市場上市前，我聽了出雲充社長的演講，對他提出的願景產生共鳴。知道他們已經上市後，因其高成長性以及出於想支持社長的投資人心理。

FANCOMI（2461）

以「A8」及「NENDO」等聯盟行銷廣告成為業界大公司。

200日圓→**2,000**日圓　　**約1年變成10倍**

關注時期 2012年11月

關注理由 當時在工作中用過的該公司的手機廣告線上系統，體驗非常好，而當時手機從掀蓋式轉為智慧型手機也成為加分條件。

LET'S CHECK!

用集中投資小型股賺千倍的規劃藍圖

| 剛開始投資的時候，最容易受挫折 |

首先，在腦中牢牢記住你的目標：「集中投資小型股，直到有3千萬的獲利！」

大多數人想像的資產變動過程，往往與實際過程的形象大不相同；許多投資人或許會模糊的想像，投資的過程大概是重複著成功與失敗，並勤勤懇懇地以一定的金額慢慢累積起來。

但實際上，在剛開始投資的時候，成果不如預期的情形較多。然後很可惜的是，很多人在這個「初期停滯」的地方受挫，就放棄投資了。如果能撐過初期的停滯和受挫，大多在這個時候就能看見投資成果了！

掌握如何「從3萬開始、建構起3千萬資產」*破千獲利的整體過程，就能避免理想與現實的差異造成的挫折。

了解這個過程之後，就能很快地穿越初期停滯的隧道，跟上成功曲線的上升趨勢了。

當然，穿過這條通道的時間也是因人而異。有人幾個月就能穿過，也有人花了數年的時間。從投資知識為零開始自學投資的我，大概花了3年左右的時間。不過，接下來我會詳細給各位意

見，讓大家很快的看到這三年中的精華、要點，請放心。

首先來看看從「手頭資金3萬」開始，到構築3千萬元資產的規劃藍圖。

從3萬元起步建立了翻倍資產的人，在現實中除了我之外，還有其他人。連現金3萬也無法準備的人，在開始投資之前，你的金錢規劃可能就已經有問題了，不過別擔心，請檢視自己的開支和花錢的習慣，視情況減少不必要的支出，應該就能準備好。

那麼，我們就具體的來看一下這個「從3萬元開始累積3000萬」的過程吧！

股票投資的理想與現實的差距

成果

大多數人的成功想像
（想像會以一定的速率上升）

理想與現實
的差距

現實中的成功線

最初看不到成果

勞力
（時間）

在這段期間就感到挫折的人非常多，請注意！

*原書為從10萬日圓開始累積1億日圓資產，為方便臺灣讀者理解，使用原書價格的，都會在金額後標示「日圓」；以下的10萬日圓，皆換算為差不多的台幣數值3萬元，1百萬日圓則為30萬元，1千萬日圓為300萬元，1億日圓則為3千萬元。

開始的第一步，就是先去證券商那邊開個買股票用的戶頭。

「姑且先試試看吧」──這種想法是很重要的，有了嘗試的念頭，才能有接下來的行動，並了解、蒐集關於買股票和投資的訊息。

把本書中接下來的選股觀察重點作為參考，先從不超過自己預算的個股中，選出一支個股，試著集中投資看看。

大家要注意！在這個時候，不能分散投資多支個股！

在第一階段，最重要的是「**集中在一支股票身上，追著它、去習慣它的價格變動，掌握住該支股票的變動**」。

就算結果是虧了10～20％後停損，在自掏腰包實際投資的過程中，也有很多可以學習的地方。

在你習慣之後，再把本業的收入一點一點挪到投資上去，或是把在投資上得到的獲利再次投資，慢慢增加投資的金額。

就如同前一頁已經說明過的，一開始的獲利或許會不太如預期。但是在這裡放棄的話會非常可惜，請不要看到有虧損就放棄喔。

只要想到未來，你會因投資而有百倍千倍的大幅獲利，那麼在這裡的損失，就像是小小的誤差數值一樣！

假設將停損設在10～20％，相當於投資3萬元、損失了6千元，即便如此，只要你從中學習、不再犯同樣的錯，將來你的投資資金變成3百萬元的時候，你就避免60萬元損失的風險了。

請你把在這個階段的小型股集中投資，當作是「練習賽」。不要拘泥於眼前的小損益，重要的是不斷去挑戰，增加投資經驗，以便紮實的學到股市的變化，在這個時候，獲利反而不是最重要的事。

 選股達人的獲利筆記

- 馬上去開證券戶，集中投資一支個股！
- 別想馬上賺到錢，稍微繳一點「學費」，獲利會更快！

　　在**這個時候，資產會增增減減，往往會停滯甚至下跌；但是資產急遽增加的時刻，將會在某個時候到來。**

　　持續以10～20％為停損點，不要放棄、繼續投資！不僅限於投資，在許多事情上，很多人不能成功，大都是因為「中途放棄了」。

　　特別是在投資的世界裡，只要憑「腳踏實地的持續」，未來的資產額就會有一或兩位數的不同。

　　注意！在這個階段，投資標的基本上也是1支股票，最多只能到3支個股！

　　當你漸漸習慣投資之後，就會忍不住漸漸偏離自己初始的投資風格，想要左擁右抱的去接觸各種不同的投資商品，但是在這個時候，只會讓你的損失擴大而已，還是不要吧。

　　即使同時持有多支個股，結果每一個的管理都是半吊子，損失的可能性就會提高。

　　為了避免因半吊子的管理心態造成多於的損失，不要太過於分散投資，盡可能集中在少量的個股，貫徹「集中投資小型股」的理念。

 選股達人的獲利筆記

・ 集中投資1支個股、最多3支，別想要買太多投資商品。

如果能來到階段三，接下來你就會發現，投資、理財和獲利，一下子就變得輕鬆多了。

也因為是這樣的個股，投資金額變大了，相對的，自己的買賣對股價的影響也變大了，因此只集中投資一支個股就變得困難起來。

就迴避風險的意義上往往會意識到要分散投資，但是投資標的仍是**至多就到3支股票為止**。

在你投資之後，就更能牢牢掌握價格變動狀況或是相關新聞，以結果來說，比起分散投資多檔個股更能迴避風險。

雖然不斷提到同樣的注意事項實在顯得囉唆，但是還是要說：絕對不要做超過必要的分散投資。

到這個階段時，會更難以掌握自己實際的持股數，以及該支股票公司的狀況，甚至有人會搞不清楚當初為何會買入那支股票。

在這個階段你雖然已經多少有些資產了，但是投資成績還馬馬虎虎的人，大多都是做了超過必要以上的分散投資。

為了預防萬一，也別忘了準備一些剩餘資金。剩餘資金的基準，大概是**整體資產的1～2成**。

 選股達人的獲利筆記

- 手上要留全部資產約1～2成的資金，
  不要全投下去。

資產1000萬元～3000萬元

　　到此為止，能成功以投資獲利的人，對投資的想法可以說非常正確。接下來，就是仔細做事前調查，盡可能把可望進入上升趨勢的個股用低價買入吧。

　　資金越有餘裕，就越會啟動分散風險的意識，會想要買入很多個股，但是即使在這個階段，**持有的股票也是最多到5支個股就好**。

　　在這個階段，想要集中投資一支股票，除非是找到一支讓你非常有自信，並且有跟這支股票同生共死的覺悟，否則我並不推薦——也就是說最好不要把所有的資金投注在一支股票上。

　　在這個階段，重要的是「**不要讓資產減少**」。資產有上百萬元的話，減少一半還有挽回的機會，但是在這個階段，資產要是減少一半，損失是相當大的。

　　沒有找到好的個股，或正好不是買入的時機，不要勉強投資也是很了不起的投資判斷。

　　投資金額是以上百萬元為單位，價格變動的情況也增加了，因此也需要逐漸增加時間在投資上。

　　到了這個階段，要把「守成的投資」列入考量，因此重點就在於牢牢的保住剩餘資金。剩餘資金的標準是整體資產額的2～3成，在這個階段，差不多是300至900萬左右。

 選股達人的獲利筆記

　・保守一些，不要冒險躁進，寧可不出手，也不要勉強自己。

恭喜！已經累積**3千萬元**的你，在日本已經進入前**2.3%**的資產家行列了。

為了獎勵自己達成了3千萬元資產，請你務必要送個禮物給自己。由我的經驗看來，如果事先設定好要買給自己的獎勵，就會去努力，大腦也更能發揮作用。

我的做法是，送給自己1個月左右的旅行。

利用投資增加金錢當然很重要，但是有錢不花，那錢就只是一串數字而已。可以說透過實際使用金錢，使自己的人生更豐富，才是我們投資的真正目的。

此外，達到這個階段後，你就會發現「人外有人」。

繼續以3億元、30億元，也就是更上一層樓的資產為目標當然也無妨，但是好好地思考一下「**對自己來說，幸福究竟是什麼？**」就變得很重要。

雖然應該也有人覺得緊咬著股價線圖不放就開心得不得了，但是也有人覺得不被金錢束縛自由的生活才是幸福。

而對我來說的幸福就是「有美食、美酒、還有一群快樂的好朋友」。

往後若能結婚生子的話，也許這個價值觀會改變，不過目前只要有這三樣，我就會感覺很幸福。

請你務必好好思考，對自己來說的幸福為何，並且去尋找實現幸福的道路！

選股達人的獲利筆記

- 這個時候，人生的意義和「什麼是幸福」的價值觀，請好好的思考一下。

找出一年以內，
可以獲利
3倍以上的股票！

■■ 集中投資會漲的小型股

對於從小額投資開始起步的投資人而言，我認為最好的就是集中投資小型股。這也是我自己經歷各種失敗後，找到的投資型態結論。

基本戰略是，**找到在一年內股價會翻三倍以上的小型股，以此為目標，集中投資。**

反過來說，**再怎麼有魅力的公司，如果不是股價能在一年以內漲三倍以上的公司，就不是我的投資對象。**

其中也有急速成長為十倍、甚至二十倍的個股，但是基本上就是找到股價能漲到三倍以上的個股。

2018年，急速成長的10檔股票

股票名稱	證券交易所	最低點	最高點	成長倍數
MT GENEX【9820】	JASDADARD	2018/02/13 低點1,921	2018/09/25 高點45,950	23.9倍
ALBERT【3906】	東證MOTHERS	2018/02/06 低點1,200	2018/11/29 高點16,730	13.9倍
OKWAVE【3808】	名証Centrex	2018/01/04 低點600	2018/05/07 高點8,060	13.4倍
地域新聞社【2164】	JASDAQ Growth	2018/01/10 低點431	2018/11/06 高點5,000	11.6倍
Extreme【6033】	東證MOTHERS	2018/05/21 低點610.5	2018/08/30 高點6,290	10.3倍
Just Planning【4287】	JASDAQ STANDARD	2018/01/30 低點301.6	2018/07/20 高點2,289.9	7.6倍
Brain Pad【3655】	東證1部	2018/01/04 低點1,316	2018/11/29 高點8,560	6.5倍
Terilogy【3356】	JASDAQ STANDARD	2018/01/04 低點326	2018/10/04 高點1,954	6.0倍
Kyodo PR【2436】	JASDAQ STANDARD	2018/02/09 低點456.9	2018/08/15 高點2,448	5.4倍
JMC【5704】	東證MOTHERS	2018/02/06 低點484.5	2018/10/01 高點2,490	5.1倍

*高低點單位為日圓。

選股方程式

8個條件，找出「一年之內翻3倍」的小股

- ☑ 上市5年以內的公司

- ☑ 市值小（300億日圓以下）

- ☑ 創辦人仍在職

- ☑ 社長或經營幹部就是大股東

- ☑ 員工中有高學歷的應屆新人

- ☑ 員工平均年齡年輕

- ☑ 提供大家都想要的商品

- ☑ 股價線圖位於上升趨勢

股價跳漲十倍以上、急速成長的個股，我們就用棒球術語中、同一位選手在一場比賽打了「一壘安打、二壘安打、三壘打、全壘打」來比喻，稱之為「完全打擊」。（編註：日文原文為「テンバガー」，直譯為「十壘打」）

散戶如果想從小額投資開始，以最後獲利3千萬元為目標的話，選擇投資大企業股票或信託基金（股票或債券等綁在一起的金融商品）等，在戰略上很明顯就錯了。

並不是說大企業的股票好或壞，**而是他們經營根基已經穩固，因此成長空間較小，一年內股價要成長數倍的可能性極低。**

而證券公司或銀行會推薦的投信基金，基本上都是為了讓金融機構賺錢的商品，因此我並不推薦。（關於這一點，且容後再述）

一年以內股價有可能漲到三倍以上的個股，有八項共通要點（參考前頁的表單），很少有個股每一點都具備的，但是可以說越多符合要點的公司，急速成長的潛力就越高。

接下來，我就逐一詳細地加以說明穩賺三倍股的八項共通點。

☑ 上市5年以內的公司

一年以內，股價急速成長到三倍以上的個股，可以舉出的第一個共通點，就是「才剛上市不久」。

理由很簡單，因為**才剛上市（從市場上調度資金），所以運用這些資金來擴大事業的「成長空間」還很大。**

如果是有實力的公司，上市後運用調度來的資金，在五年內就能使業績成長，股價上揚。

相反的，上市以後五年內業績跟股價都沒能成長的公司，可以想見之後也不會成長的可能性很高。

不過，**上市5年以上的公司，如果開發出跟以往截然不同的商品或服務，然後大賣的情況則例外。**

例如「Mixi」（2121）就是一個例子。

二〇〇六年九月，「Mixi」（2121）在東證MOTHERS市場上市，當時這種社群網站是很時髦的企業，股價也隨之一路攀升。

但是當二〇一〇年世界最大社群網站、美國的Facebook在日本市場登陸之後，「Mixi」的業績慘到甚至提出要賣掉公司的地步。二〇一四年三月的決算期，甚至達到2.2億日圓的赤字。

然而，在上市經過七年後的二〇一三年九月，「Mixi」發行了智慧型手機遊戲「怪物彈珠」後，創下讓公司起死回生的大暢銷。

於是在二〇一五年三月的決算期，營業額與前期相比，達到9.3倍的1,129億日圓，從前期的赤字一舉谷底大反彈，來到329億日圓的獲利黑字。

像這樣**開發出與過去完全不同的商品或服務，並大為暢銷，公司的主要業務改變的情況，實質上可以說等於是蛻變重生成為新的公司（第二次創業）。**

也會有像「Mixi」公司這樣的例外，把這種例子記在腦中，在思考這項賺錢股共同點時，同時有彈性的去檢視吧！

☑ 市值小（300億日元以下）

簡單來說，市值就是「把該公司整個買下時的價格」。

找出「股價可能在一年翻3倍以上」的公司，就等同於找出「市值在一年以內有可能會變成3倍」的公司。

「股價」變成3倍，也就是「市值」變成3倍的意思，把市值用高麗菜來比喻就很容易懂了。

「一顆高麗菜」＝市值
「切成絲的高麗菜絲」＝股價

小公司的「增值門檻」低

	市值（現在）	市值（3倍）	差額
小型股 A公司	100	300	＋200（不難達成）
中型股 B公司	1,000	3,000	＋2,000（非常困難！）

（單位：億日圓）

市值小的才有成長空間，如果目標是要大筆的投資報酬，就投資對象來說較有希望。

以上頁圖表來說，如果是市值1百億與1千億的公司，股價較容易在一年以內成長三倍的，是市值1百億的那家公司。

就如前一頁的表單，市值1千億的「中型股B公司」的股價要成長三倍，市值就要再增加2千億日圓才可以。

相對於此，市值1百億的「小型股A公司」的股價要成長三倍，市值只要增加2百億日圓就可以了。

像這樣用市值來比較的話，就會知道小型股要翻三倍的門檻比較低。

希望你先去理解，增加的市值究竟是什麼？如果直接說答案的話，**增加的市值，就是「該公司對這個社會提供的新的『價值』」**。

或許你會覺得這聽起來有點模糊，但是市值仍小的公司若能對社會提供有價值的商品或服務，要讓市值變成數倍並非難事。

不過，市值已經很大的公司如果想要讓市值增加數倍的話，就必須重新提供更驚人的價值（的商品或服務）才可以。

這就是市值較小的公司股價比較容易成長數倍的理由，再提醒一次：**投資對象以市值3百億日圓以下為基準**。

順便一提，日本企業市值最高的前三名如下。（2019年11月27日）

- TOYOTA汽車（7203）⸺⸺⸺⸺⸺ 約25兆924億日圓
- 日本電信電話〈NTT〉（9432）⸺⸺⸺ 約10兆8637億日圓
- NTT DOCOMO（9437）⸺⸺⸺⸺ 約10兆424億日圓

這些公司的股價要達到三倍以上，就必須要再產生另外數十兆日圓規模的巨額價值（商品或服務）。

因此，像這樣巨型企業的市值，要在一年之內急速成長到三倍以上，是很不實際的。

關於一家公司的市值，其實只要在網頁上打「**公司名稱 市值**」這些關鍵字去搜尋，很輕易就能夠查到。要選擇投資標的時候，請你一定要先調查一下該公司的市值。

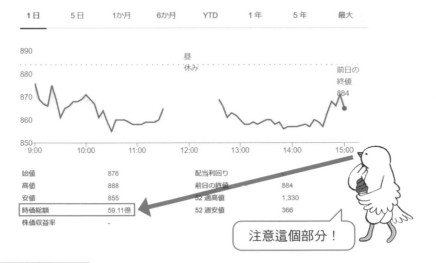

市場概說 > キャンバス
TYO: 4575

865 JPY -19 (2.15%) ↓
11月20日 15:00 JST · 免責条項

在東證MOTHERS市場上市的CANBAS（4575），在網頁搜尋欄位以「CANBAS 市值」的關鍵字搜尋後，請注意顯示在首頁（位於左下方「市值59.11億（日圓）」的部分！）

1日	5日	1か月	6か月	YTD	1年	5年	最大

始値	876	配当利回り	
高値	888	前日の終値	884
安値	855	52 週高値	1,330
時価総額	59.11億	52 週安値	366
株価収益率	-		

注意這個部分！

台股小補充

可以在網頁搜尋欄位以「台灣企業 市值排名」的關鍵字搜尋，或是到「Goodinfo！台灣股市資訊網」的首頁，依序點選「類股一覽→熱門排行→資產排行→公司總市值」，便能看到目前所有台股上市公司的總市值。

☑ 創辦人仍在職

　　冒著風險自己創業的創辦人老闆，跟上班族出身的總經理*比起來，對企業經營的覺悟、責任感和影響力大小，都不在同一個層次上。

　　我敢如此肯定，正是從之前任職的「OPEN DOOR」IT創投

公司的創辦老闆身上所直接學到的經驗。

　　這樣的說法，並不是完全否定上班族出身（從職員一路升職）的總經理，但是如果以「在一年內讓股價翻三倍以上的急速成長」為前提做考量，比起上班族出身的總經理，創辦人老闆才能同時具有領袖魅力並作出快速的經營判斷，因此他們會帶來更急速的成長的可能性較高。

　　雖然創業老闆往往容易傾向獨裁式經營，但是在商業環境變化目不暇給的時代裡，急速成長的公司不像大企業那樣，需要大家開會討論決定事項，大多是由特別突出優秀的創業老闆帶領大家往前衝。

　　在美國有Amazon、facebook，在日本則有軟體銀行、樂天等，即便現在已成為巨型企業，創辦人仍然在現職帶領著公司。

　　另一方面必須注意的就是，不論好壞，創業老闆的能力與器量，將會左右公司的命運。其中也有在IPO（首次公開募股）就

驚！

比起從一般職員升上總經理的人，仍在現職的創辦人老闆更能讓公司成長。

＊編註：日文中的「社長」可視為老闆、總經理，是公司中的最高管理階層；為了讓讀者能理解原文所說的「創辦人社長」和「上班族社長」，因此譯文以「創辦人老闆」和「上班族總經理」稱呼。

賣出自己的持股、以獲取創業者利益為目的的經營者（這就稱為「上市終點」）。

因此，並不光是這家公司的創辦人仍在職（老闆）就好，重要的是必須好好看清楚，這個創辦人是不是一個讓人覺得「這個人值得投資」的創業老闆。

☑ 社長或經營幹部就是大股東

「經營者與投資人的利害一致」，這一點對投資人而言超級重要！

老闆、或是經營幹部本身是大股東的話，拉高自己公司的股價對個人的資產增加，會比提高自己的薪資或紅利更有貢獻，因此與投資人的利害一致。

日本企業中市值第五大（約13兆5300億日圓：2020年7月22日之時）的軟體銀行集團，最大股東就是創辦人孫正義（持有股數占21.25％，2020年7月22日之時）。孫社長的董事報酬，一年約1億3700萬日圓，但是他作為股東的股利收入，一年就有101億7300萬日圓！做為股東的收入，真的是非常多！（編註：董事報酬與股東股利金額為2019年11月數字）

軟體銀行集團也是超大型股，但是在經營者與投資人的利害一致這一點上，對投資人來說是很大的吸引力。

列為投資標的候選的企業，它們前十大股東是什麼樣的人物？是什麼樣的立場？可能會採取甚麼行動？把這些都考慮進去，就可以發現這家公司隱藏的潛力。

看創業老闆或是創業元老持有的自家公司股票，幾乎沒有人會在公司還有成長餘力的時候賣掉。因為自己公司的成長空間，只有該公司的經營群是最了解的。

反過來說，大股東的經營群如果開始賣自己的股票時，也可以視為是「差不多已經感覺到自己公司的成長極限了」。

負責IR（投資者關係）的董事如果是該公司的大股東，則IR的內容大多會跟股價上漲的意識有關。

此外，負責人事的董事如果是該公司的大股東，則錄取的標準也會偏向於雇用會提升股價的人才。

特別是仍在現職的創辦人是最大股東的情況，對老闆來說，股價上漲會直接連結到自己資產的增加，因此在經營公司、擬定發展方向的時候，會強烈意識著「股價是否上漲」。

另一方面，如果總經理或老闆幾乎未持有公司股票的情況下，薪水的增加或是拿到全額退休金，才會直接連結到自己的利益。

因此，他們通常會偏向於明哲保身，或是企圖隱匿對自己不利的資訊。

經營者是大股東，與投資人利害一致，非常好！

這幾年東芝、富士全錄、Olympus等大企業財報造假的事件鬧得很大，但是這些也可以理解成是這些非大股東的經營群選擇明哲保身的結果。

至於每間公司大股東的資訊，用「**公司名 大股東**」的關鍵字，在網路上搜尋一下就會知道，在實際投入資金前，一定要調查確認。

☑ 員工中有高學歷的應屆新人

有高學歷的應屆畢業新人進入的創投企業，在之後的三至五年內，業績幾乎無一例外的會成長。

我自己在大學時代透過徵才活動看過許多創投企業，無一例外，當時在高學歷且優秀的學生之間很受歡迎的創投企業們，幾乎都上市了，不僅如此，股價也都大幅成長。例如像以下這幾家創投企業——

經營手機遊戲、社群網站的 「GREE」（3632）	2008年12月上市
教育相關日本第一的網路評價入口網站 「ItoKuro」（6049）	2015年7月上市
從經營戰略到IT 以高度專業性為強項的綜合顧問公司 「BayCurrent Consulting」（6532）	2016年9月上市
我曾任職的 「Open Door」（3926）	2015年12月上市

高學歷且優秀的學生，大部分會得到多家知名企業的內定錄取。如果是外商企業，應屆畢業就有年收超過百萬元的並不罕見。

從這樣知名品牌企業或是高收入外商企業獲得內定錄取的優秀學生，會願意放棄內定的優惠條件進去的創投企業，大多數都會讓人感覺到，這些公司的成長性無可限量。

這樣的創投企業，可以期待未來將在IT、遊戲、生技等各方面，有大幅成長的領域拓展事業。

在有前途的領域裡聚集了優秀人才的公司，應該很容易想像得到未來的大幅成長吧！

當然，高學歷的學生也不一定人人都會是優秀活躍的商業人士，然而，高學歷的學生從許多的選擇中最後選定就職的公司，對投資人來說，可以是一個判斷事業成長性的要點之一。

不只是應屆畢業的新員工，會錄取跳槽轉職的優秀人才，這種公司跟沒有這樣人才的公司比起來，大幅成長的可能性會比較高，這也可以列入判斷的標準之一。

將來…

很棒！

規模還小的創投企業，卻有優秀的應屆新員工，這樣的公司很有希望！

☑ 員工平均年齡年輕

光看員工平均年齡雖然不能測出公司的成長性，但是由小型股的「成長空間」這一點來思考，年輕員工多的公司比較有希望。

比起員工平均年齡五十歲以上的企業，員工平均年齡二十多歲的公司，對社會的變化較為敏感，好像比較能夠臨機應變，這一點很容易想像。

平均年齡低雖然並不代表都是好處，但是說到要能跟得上最先端的科技或是趨勢，迅速將這些化為商品或服務，還是優秀的年輕人較多的公司會更有利，這也是事實。

同樣的理由，創辦人／老闆也較年輕的公司，以投資對象的角度來說是很有魅力的。

沒有不講道理的職場階級文化，或是無聊的派系鬥爭，員工可以很有活力的挑戰，朝著同一個目標工作的公司，都是年輕成員較為活躍的公司。

☑ 提供大家都想要的商品

在決定投資之前，這一項一定要好好檢視！希望股價大幅上升，這家公司的業績，就一定要隨之大幅成長（或者是說，大多數投資人都認為業績會成長）。

為了使業績大幅成長，就必須要提供大多數消費者覺得「想

要！」、「想買！」的商品或服務。

　　朋友或家人沈迷的遊戲、在街上看到大排長龍的餐飲店、最近常會看到的廣告等等，其實在我們的身邊，處處都是新投資目標的暗示。

　　學習抓住過去我們沒有注意到的「身邊的投資情報」，是成為一個勝利投資人的第一步。為此，你的「消費者觀點」很有幫助。

　　「如果我，會為這個商品或服務買單嗎？」用這樣的消費者觀點自問自答，既簡單、同時也是投資判斷最本質上的問題。

　　既然要投資，至少也要是拓展「自己會想用」或是「想推薦給家人朋友」的商品或服務的公司才好。學著當一個對趨勢敏感的消費者，也是在投資上可以得到重大報酬的捷徑。

　　即使實際上無法提供大家想要的商品或服務，光是「也許今後能夠提供！」，這樣的期待也有可能使股價上漲。

　　例如，正在開發線上遊戲的IT創投企業，或是開發新藥的生技創投公司就是如此。

　　在後面我們會詳加說明，但即使某家公司的股價，因為大眾一時的期待而急速上漲，但當答案揭曉，發現營業額或利潤並沒有隨之成長後，股價也會開始暴跌，必須要特別注意！

　　股票投資也是一種「選美比賽中猜猜誰會優勝」的猜謎遊戲，**不是投票給「自己覺得最可愛的人」，而是投給「大家會覺得最可愛的人」，比周遭的眾人早一步投票，就是獲得投資上重大報酬的秘訣。**

　　在這層意義上，即使自己並沒有覺得這麼好、這麼想要的商

品或服務，但是感覺到有很多人都「想要！想買！」的話，那麼提供這些商品的公司，股價不斷成長的可能性就很高！如果能將這樣的想法列為參考的話也不錯。

股票投資，其實就是選美，要選「大家覺得最美的」。

✅ 股價線圖位於上升趨勢

投資經驗還淺的人，往往會想「在股價上漲前買在低點、然後等股價上漲」。

然而，**投資資金有限的小資族，其實應該要選擇「現在正在上漲的個股」，才能提高獲利的效率。**

不受注目的個股，非常有可能一直漲不上去，長期被冷落在市場上沒人理會。

我也曾經判斷某支小型股有希望，在股價處於低點、還沒有開始上漲前就投資，結果低點股價就這樣持續了一年，完全沒有上漲。

後來雖然這支小型股開始漲了之後，股價翻了十倍，但投資

一支還沒開始漲的個股，股價長時間沒有變動，就會是很大的機會損失。

雖然有點模糊會比較好，但是對一般的散戶來說，最好的投資時機，就是要有比其他投資人「早半步」的意識。

如果「早一步」的話，反而會因為時機還太早，其他投資人還沒跟上來，所以股價還不會動，這個期間就會造成機會損失，因此最好是早走半步就好。

以「股市線圖」來說，就是當股價伴隨著「成交值」開始上升的時機，就是最好的時機。

- 股市線圖＝將1日、1週、1個月、半年等的股價價格變動繪成的線圖

- 成交值　＝股票的買賣交易量，在股市線圖的下方以「長條圖」來表示

「**成交值＝投資人的關注程度**」，用這樣的角度來思考就比較容易理解了。

- 成交值多的個股＝關注度高
- 成交值少的個股＝關注度低

　　雖然還沒有進入上升趨勢、但值得注意的個股，就列入「投資標的候補名單」中，等股價開始上漲之後，再投資也不遲。

　　即使在低點買入，但考量到之後股價長期不動的機會損失，挑正要開始上漲時的時機再買入比較好。

在股價隨著成交值上升、而開始上漲的時候「買入」

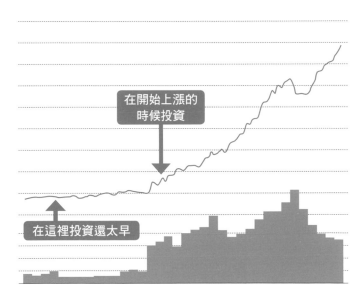

在開始上漲的
時候投資

在這裡投資還太早

選股達人的獲利筆記

太早投資反而NG！
股價開始上漲之後再入場也不遲哦！

9個步驟，
精準找出「穩賺股」

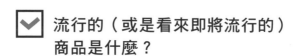

- ☑ 流行的（或是看來即將流行的）
  商品是什麼？

- ☑ 這個商品你會想要嗎？
  會推薦給家人或朋友嗎？

- ☑ 提供這個商品的公司有上市嗎？
  （未上市就無法自由買賣股票）

- ☑ 你有辦法對人說明該公司的業務嗎？
  （不要買自己無法解釋清楚的股票）

- ☑ 這個商品是否看來能為該公司增加
  50%以上的營業額？

- ☑ 3年以內是否有可能獲利2倍以上？

- ☑ 跟他的競爭對手比起來，
  股價會不會過高？

- ☑ 股價線圖的形態是上升模式嗎？

- ☑ 1天的成交值有沒有在3千萬以上？

Chapter **2**

一年之內，
絕對會漲三倍的
超優股！

■■ 股息、殖利率？
「有錢途」的小型股要先看這裡

透過第一章的幾個要點，找到有機會「一年內漲三倍」的好股候選名單後，接下來你要深入評估每一支股票，從候選裡面挑出要投資的那一支穩賺股！

- ☑ 想像大股東的想法
- ☑ 理解這家公司的商業模式，直到你可以輕鬆地對其他人說明
- ☑ 不是看「過去的業績」，而是預測「未來的業績」
- ☑ 經由利潤的使用途徑，掌握公司的成長階段
- ☑ 找出選擇該公司商品的理由

接著，我就來一一說明這些評估方法，讓你在選擇的時候更有把握。

☑ 想像大股東的想法

檢視一家企業中大股東的名單，也可以預測出股價的變動。

例如，如果總經理或老闆以下的經營團隊是大股東的話，可以想像至少在公司業績成長的期間，賣出自家公司持股的可能性很低。反過來說，若是經營團隊的人開始賣自家公司股票的話，就應該要警覺到股價會下跌了。

然而，如果大股東是「投資基金」的話，事情就不一樣了。

投資基金的主要目地，是以抬高投資標的的企業價值後賣掉股票，以賺取買賣利差，因此，在股價一時高漲，或是投資基金要決算前，大規模賣出的可能性非常大。

也就是說，光是這些投資基金的持股，就足以造成股價下跌的風險了。

另一方面，大股東裡面如果有媒體或是廣告公司的名字，那麼這些股東或許將會積極地採取行動，來為商品或服務宣傳。

若大股東之一是擁有許多專利的製造商，說不定他們會用很

大股東的身分是投資基金的話，有大量賣出的風險。

好的條件提供這家公司專利或技術。

如果大股東是曾在大企業擔任董事的個人，那麼他有可能成為與該企業在技術面或銷售面的合作溝通管道。

如前述如果是負責IR（投資者關係）的董事是大股東的話，那麼他或許會注意到股價的上升，而積極頻繁的更新IR資訊。

大股東是什麼樣的公司（或個人），猜測他們會有什麼樣的想法，可能可以做到哪些事，像這樣一一檢視這些要點，就能想像該公司將來會朝什麼方向前進。

☑ 理解這家公司的商業模式，直到你可以輕鬆地對其他人說明

美國經濟雜誌《富比世》發表的二○一九年版世界富豪排行第三名，淨資產達840億美元（9兆750億日圓）的大投資家華倫・巴菲特就說「不要投資你無法理解業務內容的公司」。

用打工存下的錢作為資本，只用了一代就建構出可與希臘國家預算匹敵的資產金額的「投資之神」巴菲特，就連他都不會去投資「無法理解事業內容的公司」，一般的散戶投資者在不甚了解投資標的的商業模式就去投資，是不可能會獲利的。

恐怕很多散戶投資者甚至沒有看過這家公司的財報表，就直接把錢投下去，結果就從股票市場中退出了。

不去理解商業模式就投資這家公司，就像是把錢借給你不太認識的人一樣！

你會把錢借給不認識的人嗎？不會吧。

當你找到想投資的個股時，請你先了解該公司的商業模式、以及他的獲利模式（如何賺錢），直到你可以對其他人說明的程度。

反過來說，商業模式令人無法理解的公司，就應該要從投資候選中排除。

以我本身的背景來說，還在領薪水的上班族時代，由於IT業、餐飲和健康類的企業，這種公司對消費者（B to C）的商業模式很符合我的工作與個人的興趣，所以才能一面收集資訊，一面感受樂趣。

另一方面，我對製造業或企業對企業（B to B）的商業模式，關注度就比較低，自覺無法理解到足以對他人說明的程度，因此這類型的公司很難成為我的投資標的。

先從自己的工作，或是有興趣、擅長的領域去尋找投資標的的話，因為在蒐集訊息時會感到樂趣，同時能深入理解，自然也會提高獲利的機率。

在不了解一家公司營運的情況下去投資，就像是借錢給不認識的人一樣。

☑ 不是看「過去的業績」， 而是預測「未來的業績」

投資股票很重要的一點，是不去看「過去的業績」而是看「未來的業績」。

即便過去業績再怎麼好的公司，如果未來業績不會成長的話，那股價當然也不會上漲。

相反的，就算過去的業績再怎麼差的公司，未來業績如果能成長，股價也會隨之上漲。

為了使未來的業績成長，如同前述，還是應該要「提高公司所提供的商品或服務的價值」才是。

如何判斷一家公司未來的業績會成長呢？基本的指標之一就是**PER（本益比＝股價〔購入成本〕／EPS〔每股純益〕）**。

「PER」的意思是指，如果要把整家公司買下來（前提是獲利要能維持住），**要用幾年的時間才能全額回收本錢**的一個標準。

「本益比10倍」的話，就是指要全額回收投資金額得花10年的時間，「本益比50倍」的話就是要花五十年，順帶一提，上市企業的平均本益比，大約是15倍。

許多與股票相關的書籍裡都會說，本益比低的話就是股價相對便宜，高的話就是股價相對高，「本益比10倍以下的話算便宜」、「本益比超過20以上就是貴」，很多投資人都是這樣的標準在做投資判斷。

但是請注意，光用本益比當作基準的投資，也不會保證獲利的！

因為本益比完全只是以「目前的獲利水準如果能一直保持下去」為前提計算出來的，這是一種脫離現實的假設。

在變化劇烈的時代裡，要保持跟目前同樣的獲利幾乎是不可能的事。

由於前提條件就已經不可能了，所以光靠本益比就不會是一個有很說服力的標準。

真要說的話，應該用來當標準的，不是現在的本益比，而是「未來的本益比」。

即便現在本益比10倍的公司，將來的獲利若是變成了10分之1，未來的本益比就變成100倍了。

相反的，即使現在的本益比是100倍，若將來的獲利能變成100倍，未來的本益比就會好轉成為10倍。

不以「現在」的本益比來判斷，而是要預測以目前的事業內容或商品、服務所產生的「未來」的利益，才更重要。

那麼該如何判斷一家公司在未來的本益比呢？稍後我們會說明（參照第三章「費米估算」的內容）

只看現在的本益比（PER），沒有意義！

☑ 經由利潤的使用途徑，掌握公司的成長階段

正在大幅成長的公司，有些會把大多數的獲利轉為長期投資。因此很多時候就算營業額有成長，獲利也沒有成長。

所謂長期投資＊，就是指廣告宣傳、人事費用、研究開發、設備投資、進軍海外等，為了擴大營業額所投入的金錢。

積極展開這種投資佈局的公司（前提是經營戰略沒有問題），就能期待它們有大幅的成長。

以國外為例，大家都知道美國的Amazon.com雖然業績急速成長，但因為同時也很積極的佈局長期投資，使得長年以來的財報帳面上都沒有獲利（參照下表）。

美國Amazon.com營業額與純益的變化

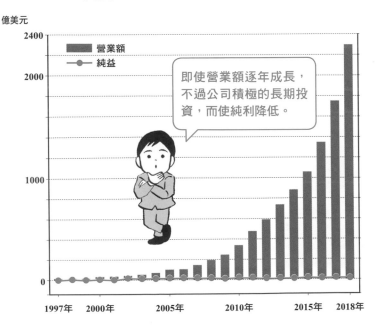

相反的，將盈餘保留在內部（公司內的現金）存起來的公司，沒有發展計畫、而將利潤還給股東的公司，就像是在說「沒有有效使用這些利潤的方法」一樣。

給股東的現金殖利率提高的話，就會有衝著配息「買入」的人，股價就會有上漲的趨勢。

當公司給出配息的時候，背後的意義就是經營者判斷「比起投入長期投資，更想發還本給股東」的意思。

從利潤的使用方法，看出公司的成長期

*編註：原文為「先行投資」，以文中說明來看，應為會計科目上的「長期投資」、非短期投資，即為不準備在一年或長於一年的經營周期之內轉變為現金的投資分類。

當然，也有些公司是刻意的增加現金盈餘、將發放股利當作發展計畫的情況，因此不能一概而論，但是一般來說會急速成長的公司，有了利潤之後，都傾向於長期投資事業的成長，而非發放股利。

像這樣，從公司如何處理利潤，就可以得知公司的成長位期於哪個階段。

☑ 找出選擇該公司商品的理由

「商品、服務被選擇的理由」很明確的公司，股價也會成長，因此釐清「被選擇的理由」，也直接與投資判斷相關。

例如，經營減重健身房和高爾夫球課程的「RIZAP GROUP」（2928），最近因特別積極的進行企業收購造成反效果，反而業績下滑的傳聞不斷，但之前則是因為「個人化訓練」而急速成長。

其他經營健身房事業的公司應該也相當多，但是只有RIZAP急速成長。

那並不是因為個人化訓練的服務，而是因為他們販賣的是2個月就能減重變苗條的「結果」。

集中以電視廣告等宣傳行銷，短期間建構起「保證結果的RIZAP」這個品牌。

基本上就是以限醣飲食與肌力訓練的組合為基礎，簡單來說，其他公司也可以模仿這個商業模式，然而RIZAP這個「保證結果」的品牌，卻無法立刻就模仿。

獨獨選擇這家公司的商品或服務的理由是什麼？

在最終下投資判斷的時候，對於「在多數競爭者中選擇這家公司的商品或服務的理由是什麼？」這個問題你是否能找出自己能接受的答案，將是關鍵所在。

被選擇的理由很明確的公司，股票會成長，而沒有明確理由的公司股票會下跌，這是資本主義社會的原理原則。

選股達人的獲利筆記

從商品的特殊性和賣點，就能評估這家公司會不會賺錢、有沒有「一年漲三倍」的機會。

厲害的「成長股」，
要符合以下3個模式

① 一星期變成1.3倍（一時的期待）

  創造出意料之外的財報成績／
  與知名企業攜手合作／被媒體大幅報導

② 一個月變成2倍
  （期待與某種程度的實際狀態）

  被媒體大幅報導／新商品大暢銷／
  業績穩健成長

③ 一年3倍以上（看重實際狀態）

  新商品大暢銷／業績穩健成長／
  預期有中長期利益

集中投資小型股的
目標是③！

Chapter

3

投資小型股，
穩賺千倍！

■ 你知道自己為何買進、為何賣出嗎？

據說日本的散戶，有八成都是股市輸家。

目前為止，我教過一千兩百位以上的投資人，從這當中的經驗看來，我的印象也是有八成左右的人是輸家，贏家大概是全體的兩成左右。

即便如此，為何有這麼多人成為輸家呢？

答案很簡單。

因為有很多散戶（個人投資者）並沒有明確的投資戰略，只是胡亂投資而已。

股票投資的基本，可以濃縮成以下三個步驟：「找出有希望的股票→買股→賣股」。

當這三個步驟配合得恰恰好的時候，才有可能在投資上得到重大的回報。

許多人在尋找投資標的時也好、買進時也好、賣出時也一樣，都是隨便做決定，所以才會成為輸家。

幾乎所有的個人投資者，都沒看過投資公司的財報資料，就決定了投資標的不是嗎？

當你在買昂貴的家電或汽車的時候，一般都會在網路上查詢各種商品的價格或性能，或是到實體店家中實際看過商品，仔細評估之後才買下。

然而一說到投資，有很多人沒做過什麼功課，憑著大概的感覺就買進了，或者是因為「在理財雜誌的特輯被選為推薦個

股」、「因為知名投資人某某某的推薦」等等，完全靠別人的理由就決定了。

不做功課，只想輕鬆搭上別人的意見便車、隨便就投資下去的大多數散戶，在幾年內就失去了大部分資產，從市場上退出了。

抱持這樣隨便的態度持續投資，資產也只會一直減少，我認為這種投資者應該立刻停止投資比較好。

■ 只有5%獲利的基金投資，本金要夠多才能賺

「夫婦兩人所需的養老金，必須有2,000萬日圓。」金融廳（編註：類似我國財政部）這樣的試算，在社會上引發了一陣騷動。但是我也感覺到，最近由於對養老金是否足夠感到不安、而開始對投資產生興趣的人開始增加了。

我就直接說結論了，如果想從小額投資增加大筆資產的話，個人一點都不推薦投資信託！

有許多經濟評論家會推薦低成本的ETF（上市投資信託），這是與日經平均股價指數（Nikkei225）或是東證股價指數（TOPIX）的動向連動。銀行、證券公司和郵局，也在積極的銷售從二〇一八年一月開始、以投資信託為基礎的「NISA」（小額投資免稅制度）。

由於是社會上信賴度高的銀行、證券公司和郵局在處理銷售，似乎有許多人覺得這樣比較放心，**但是這樣的金融機構所推薦的投資信託等金融商品，還是把它當作是「為了讓所有金融機構賺錢的商品」比較好。**

利用投資信託從小額投資建構起大筆資產的人，至少就我所知，一個也沒有。

ETF把市場平均當作目標，低風險也低回報，能預期的股息最多也只是年利率5%前後；在泡沫經濟高峰的定期存款利率約為7%左右，因此還比那個水準低。

如果是已經有資產的人，可以將「守成投資」的ETF列入選項，但資產數字一般的個人投資者，用5%的年利率，資產是增加不了多少的。

因為日本銀行的普通存款年利率是0.001％的這個超低利率時代，所以有5%的年利率已經比放在銀行好多了，但是本金如果少的話，也是得不到什麼好處！我們來實際推演一下吧。

請看下一頁的表單。本金若有1億日圓，運用後得到的利益滾入本金裡，再進一步運用後增加的「複利」效果，便能期待到十年後可以有充分的回報。

然而，如果你是一般的投資人，假設以本金100萬日圓起步，就算能夠成功運用到年利率5％，10年所能得到的金額也只有63萬日圓這麼一點點而已。

用十年存到63萬日圓的話，去兼差賺錢還快得多吧。

本金要夠多，年利率5%複利才算高

● 本金1億日圓起步

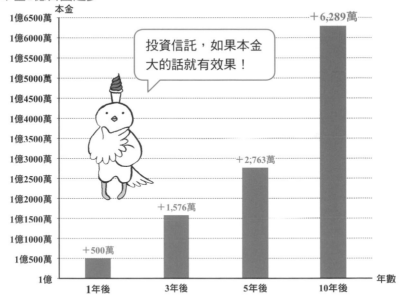

*以台幣換算，如果本金有3千萬，那麼1年就能獲利近200萬，10年能獲利近2千多萬。

● 本金100萬日圓起步

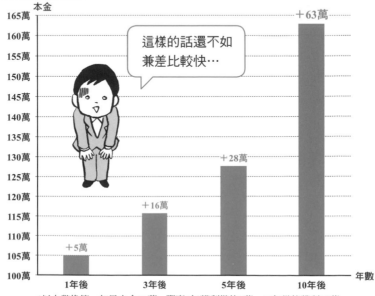

*以台幣換算，如果本金30萬，那麼1年獲利僅約2萬，10年僅能獲利20萬。

■ 集中投資小型股的3個好處

「本業就已經賺很多了，投資馬馬虎虎就可以了」，當然，如果是這樣的話，每個月定額投資ETF（指數型證券投資信託基金），就這樣順其自然交給它，也是一種投資戰略。

但是，如果你只是個普通人、能運用在投資的金額有限，目標又是想靠投資獲得大筆回報的話，利用投資信託來操作的投資，就不可能是你的選擇。

如果要構築大筆資產，也還有一天之內數次買賣賺取利差的「短線交易」這個選擇。

雖然跟投資信託比起來，確實有可能讓資產大幅增加，但是短線交易不是光利用閒暇時間就能做的交易。

投入資金的期間，就要盯在電腦螢幕前，解讀股價線圖背後投資人的心理，眼前的供需、大戶的動向、世界情勢、最新資訊等等，都要有瞬間掌握的能力，稍有一點價格變動就要很敏感的察覺，然後反覆買賣。

如果你有成為專業操盤手的覺悟那就另當別論，如果是有正職的個人投資者，那麼我並不建議你這麼做。

就像前面所提到的，我就是疏忽了這個基本道理，不小心睡著，才會發生一個晚上就噴掉800萬日圓的損失。

每天好幾小時緊盯著電腦螢幕，用自己的時間去交換金錢、無法從這個作業中脫身，這樣的人生對我來說非常痛苦。

我是想「讓自己從時間與金錢中得到自由而投資」，所以如

選股方程式

集中投資小型股的3大優點

① 集中投資，才好照應

集中投資，你就可以把全副精神放在投資的個股上，除了能仔細觀察它的漲跌趨勢，平常也可以專注在這支個股的相關新聞或針對投資人的公告（IR）等，能非常實在的做好股票管理。

② 不怕被「套牢」

把持有的股票濃縮成一檔的話，抱著「未實現損失」套牢的狀態必然會消失。很多投資人會失敗，是因為只要股價稍微上漲就賣掉（實現利益），股價下跌的話就毫無根據的認為「總有一天會再上漲」，就這樣放著被「套牢」。如果定下了「當損失10～20％就停損」的規則，傷害就較淺，利用接下來要說明的「機會股」來補回損失、以獲得多餘的投資報酬。

③ 抓住「機會股」，就可以大逆轉

利用集中投資，若能掌握大幅上漲的「機會股」，就能增加大筆資產。把除此之外的股票交易，先設定「當損失10～20％就停損」的規則後，都當作是「直到能掌握機會股的『練習賽』」也沒問題。集中投資小型股，也有股價變動幅度較大的風險，但是同樣的也能夠期待符合比例的大幅回報。

果為了賺錢把自己的時間綁住去做短線交易，那就是本末倒置了。

自從發現這一點之後，我就決定完全不做短線交易。

除了短線交易之外，我也做過很多種投資，也反覆失敗過，但是我得到的結論就是，**散戶（個人）要用小額投資來累積大筆資產，集中投資小型股才是最有效率的！**

■ 「本金100萬，10年賺1億」 的千倍獲利！

那麼，若是集中投資小型股順利的情況下，你的資產會有什麼樣的變化呢？我們來模擬推演看看吧。

實際上在開始投資之後，你就會深痛體悟到，即便是認為「這應該會成功！」的個股，很多時候股價也不太容易按你所想的上漲。因此，以下的模擬推演，要假設以下列的條件來投資。

- 就算看到有潛力的新個股想投資，也只能半年增加一支。
- 雖然目標是股價要漲3倍以上，但是當翻成2倍時，就要實現利益。
- 投資的個股有一半跌了20%的時點，就要停損。

遵守以上的條件，持續投資下去的話會如何？請看下表的模擬結果。

假設你的本金是從100萬日圓起步。到第二年為止，（因為

「股價2倍就實現利益」與「負20%就停損」，「每半年」反覆持續操作的資產金額變化

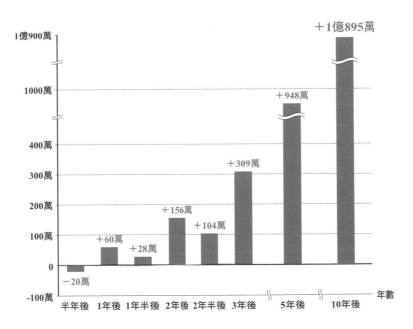

 選股達人的獲利筆記

「集中投資穩賺股」之外，還要搭配2個重要紀律：
① 股價達到2倍，就要實現利益。
② 一旦-20%，就停損。
先從這個標準實作看看。

還在打「練習賽」）資產會增增減減，雖然本金也可能會變少、不太穩定，但是你知道之後將會一口氣增加資產。

前兩年你會以為資產增加，但卻立刻又減少了，這時候你會擔心，集中投資小型股，到底是不是真的會有成果。

然而，如果早就設想到資產的減少，你就能度過這段停滯的時期。

一開始就設定好、容許某個程度內的損失，同時持續集中投資小型股，就是你通往資產一億日圓（3000萬元）的道路！

■ 用一檔個股，狠賺1億日圓！

接下來，我要分享自己集中投資小型股，並確實獲利1億日圓的一個實例。

二〇一七年三月在東証一部上市的「北方達人公司」（2930＝以下稱「北方達人」），我在股價70多日圓的時候買入，約一年後，股價便超過了1000日圓，足足漲了14倍以上！

我是如何找到這支個股、又是決定如何投資，為什麼能一直持有到股價漲超過10倍的？從這個案例，應該可以讓你掌握集中投資小型股的整體流程。

■ 如何找到「完全打擊」的超優個股？

我第一次知道「北方達人」，是在二〇一七年二月，東京六本木Hills附近一家與星巴克共構的「蔦屋書店」裡。我每個月都會有一天在那家與書店共構的咖啡店裡收集資訊，那是例行公事。

在網路上找資料也不錯，但是另一方面，我也很推薦大家在實體書店中搜集資訊。

如果有想要的書，可以直接在Amazon訂購，讓快遞送到家裡來，但是要親身去感覺社會產生的變化，還是需要出門到實體書店去。

在股票投資上，有一個重點就是平時就要磨練自己的「消費者雷達」，時時豎起天線來吸收社會的動向。

我當然知道比起書本，網路上的資訊較為快速。不過在書籍當中，有一些能反映時代潮流的書名，或是看看各大書店的銷售榜、最近出版的新書等等，有助於進一步地掌握社會上的趨勢。

如果要掌握目前最新的世界趨勢，比起投資理財方面的書籍或雜誌，《日經趨勢》（日經BP出版）之類的資訊類雜誌更有用處。

投資、理財類的雜誌，或是投資相關的書籍，我雖然也會翻翻看，但是其中的內容，是以股價已經上漲、廣受矚目的個股占多數，不太能得到特別新穎的資訊。

在《日經趨勢》這樣的資訊雜誌，會以消費者的眼光刊載介紹一些受歡迎的商品跟服務趨勢，因此我經常從中得到投資目標的寶貴啟示。可以在更上游的地方就擷取到那些受消費者矚目，或是未來有可能會引起高度關注的商品或服務的資訊。

搭上手機遊戲大流行的超級順風車，股價因而翻了10倍、20倍的Gungho Online Entertainment（3765），或是像Mixi（2121），一開始是被遊戲雜誌「受歡迎的人氣遊戲特輯」報導了「龍族拼圖」及「怪物彈珠」這兩款手遊，於是開始受到市場的矚目。

最近與咖啡店共構的書店也變多了，是最適合瀏覽各式書籍或雜誌的地方，「北方達人」就是我在這樣的書店裡遇到的「寶藏股」。

■ 看到有興趣的個股，馬上檢查這6件事！

把第一章和第二章的「賺錢小型股特色」牢牢記住，在書店裡，要是找到讓你在意的公司，直接用手機上網搜尋，馬上檢查這基本的6件事，就可以初步確認要不要把這家公司列入「完全打擊賺錢股」的候選了！

☑ 有上市嗎？

用「公司名稱 股價」或是「公司名稱 上市」等關鍵字用谷歌搜尋一下，馬上就會知道這家公司有沒有上市。

我在書店裡發現「北方達人」的時候，查出它在東証一部上市，股票代碼是「2930」，這樣就通過第一關了。

未上市的公司，股票不能自由買賣，如果發現你在意的公司並沒有上市，在這個時候就可以放棄調查了，再接著調查下去也無法投資，只是浪費時間而已。

☑ 市值在300億以下嗎？

第二件事，就是調查這家公司的「市值」。

一家公司的市值也是用「公司名稱 市值」或是「證券代碼 市值」在谷歌上搜尋，馬上就會有答案。

前文已經有提過，**再怎麼好的商業模式，提供的商品或服務再怎麼有潛力，如果市值太大，要在一年內以股價漲三倍為目標，就相當困難了。**

北方達人在我調查的時間點，市值約100億日圓左右，因此這一點也過關了。

✓ 上市5年以內嗎？

進入北方達人的網站後，看了一下「公司沿革」的介紹，它們是在二○○二年創立，二○一二年在札幌證券交易所得新興企業市場「AMBITIOUS」上市，二○一四年在東證一部上市，是才剛上市不久的公司，這一點也過關了。

✓ 公司在做什麼生意？

接下來就要調查這家公司的事業內容了。

前面也有提過，連巴菲特都不會投資自己不了解的產業，**當你不太能理解該公司推展的事業時，這時候就應該把它從投資對象中排除。**

用手機連上了北方達人的網站後，上面說明它們的主力事業是健康食品與化妝品的網路販售。

我個人當時雖然沒有定期購買健康食品或化妝品，但是我想起有朋友經常在吃健康食品與保健營養品。

考慮到社會上對健康的概念提升，未來的需求似乎也會提高，美容方面的消費者需求似乎也很高，因此這一點也過關了。

☑ 業績有成長嗎？

　　打開網站上的「股東專欄」或「投資人專區」頁面的「公司年報」和「財務資訊」，大致瀏覽過去幾年來的業績變化。

　　營業額很順利的成長，另一方面，利益（本期損益、當期純益）雖然有波動，但是這些波動很可能是長期投資的因素造成。

　　主力的網路販售是以「定期購買」為前提，整體營業額占約七成的是回頭客。

　　在商業上獲得新客戶，然後讓他們變成回頭客是最花成本的，約有七成都是回頭客，顯見產品和服務相當有魅力。

摘自「北方達人」公司2016年2月期有價證券報告書

期別	第11期	第12期	第13期	第14期	第15期
決算年月	平成24年2月（2012）	平成25年2月（2013）	平成26年2月（2014）	平成27年2月（2015）	平成28年2月（2016）
營業額（千日圓）	807,771	1380,470	1,782,386	1,940,660	2,222,440
本期損益（千日圓）	141,864	273,875	386,158	446,584	393,223
當期純益（千日圓）	90,099	159,484	236,118	268,768	226,777

大股東是誰？

　　創辦人仍是現任老闆、又是最大股東的話，希望股價上漲的想法與投資人利害關係一致，因此會是重要的正面評價條件。

　　看一下北方達人的大股東，發現身為創辦人的木下勝壽社長持有所發行的過半股數，是最大股東。而且甚至前十名的大股東，都有目前經營幹部的名字在裡面。

北方達人公司的股東結構（2017年2月28日財務報告）

持股順位	股東名字	持股數	持股比率
1	木下勝壽	6,065千股	54.72%
2	木下浩子	346千股	3.13%
3	井上裕太	307千股	2.78%
4	須田忠雄	274千股	2.48%
5	高橋正雄	118千股	1.07%
6	清水重厚	90千股	0.82%
7	角谷雅之	83千股	0.75%
8	野村證券	58千股	0.52%
9	牧野寬之	52千股	0.48%
10	日本Trustee Service信託銀行	50千股	0.45%

　　當大股東的名字裡有許多聯名投資基金的時候，就有可能因為實現投資利益或是在投資基金決算前賣股而造成股價下跌。

　　關於這一點，我看到了「日本Trustee Services Bank」的名字

在其中，持股比率限定在0.45％。

而與經營公司相關的經營幹部，是比銀行或投資基金更大的股東時，利害關係便和投資人非常一致！在我找到這些公開資訊時，就預感到股價將會大幅成長！

檢查以上這些項目，所需要花費的時間大概就是10分鐘左右。單手用智慧手機當場查一遍的結果，就判斷為「可望成為投資對象」的個股，就進入再進一步深入挖掘的階段了。

■ 深入檢查這5點，買下穩賺股！

透過初步的判斷，我認為「北方達人」是有錢途的個股，因此接下來就要花一點時間仔細的調查了。如果你也透過剛才提到的六點判斷，找到「錢途股」，接下來就要深入調查這五點。

☑ 社長是什麼樣的人？

以小型股來說，由於創辦人大多是最大股東，因此對經營公司有著絕大的影響力。

北方達人的創辦人木下勝壽社長，是持股比率占54.72％的最大股東（二〇一七年二月當時）。這個擁有絕大影響力的社長是什麼樣的人物，對公司會不會賺錢來說就非常重要，一定要列入調查。

當時我以「公司名稱」跟「社長姓名」用谷歌搜尋，並看了相關資訊之後，發現北方達人原本是一家銷售北海道特產的網路購物公司。

這些商品其中有一項，是無法以一般商品方式銷售的，例如缺了一隻腳的螃蟹，就當作「有狀況的商品」、以超便宜的價格銷售，消費者反應熱烈、十分暢銷。然而他們也嚐過馬上被其他對手公司有樣學樣，營業額一下子就銳減的苦澀滋味。

當時陷於困境的木下社長便暗暗立誓，「以後不賣會因一時風潮就結束的商品。必須建立穩定暢銷的商業模式！」於是，木下社長便引進了利用網路銷售，定期購買的商業模式──在我查詢後，得知了北方達人的來龍去脈。

在調查社長是什麼樣的人物時，不要只透過公司的網站資料，也要回頭去看社群網站與部落格上過去的文章。

甚至如果社長本人有著作，或者是曾被訪問過的雜誌文章和網路報導的話，也務必要看一下。

此外，在一些影音投稿網站如YouTube等，用社長名字或公司名稱或商品名稱去搜尋，也可以看看在媒體上的相關影音。

像這樣盡可能地去接觸經營者的資訊，透過社長的經歷、興趣、人脈、他關心的事情、希望公司如何發展，心裡真實的想法是什麼，他是那種發言總是莫名有自信的類型？對公司發表的業績預測是否有強大自信等等，這些事情都可以慢慢感覺出來。

在這樣調查當中，這位社長接下來會採取什麼樣的策略，也就可以想像得出來了。

☑ 有什麼樣的經營幹部？

不只是社長，如果經營幹部是大股東的話，這些人擁有的人脈或是能力也有可能會把股價往上推，所以也會是評估是否買進的正面條件。

北方達人的情況是，前十名的大股東裡面，有常務董事管理部長清水重厚先生的名字。

看一下北方達人的IR（投資人關係），在諮詢的地方必然有清水先生的名字，因此便知道清水先生同時也是IR的負責人。

IR負責人是大股東的情況，與不是大股東的情況，這個IR的品質將會有很大的不同。

當然，身為大股東的IR負責人所發出的消息，會偏向以提高股價為目標，宣傳自家公司的強大之處，就會是準備得更好的內容。

北方達人的IR除了最低限度的必要資訊之外，還有最新的分析師報告、國內外媒體所揭露的實績、社長個人捐款的實績等等，為了讓大眾了解這家公司，提供了各種角度的資訊。

過去我看過許多公司的IR，但北方達人的IR是最出色易懂，也最能打動投資人內心的內容。

☑ 有什麼樣的員工？

檢視老闆、股東們和經營團隊後，接著再來檢視公司的員工

都是以哪種類型居多。

具體來說，**我們檢視的是平均年齡有多「年輕」，錄用的是怎樣的優秀人才。**

儘管上市才不久，以新進人員的實績上來說，如果有知名大學畢業的人參與其中，就證明他們是對將來性有所期待才進入公司，這也是正面條件。

北方達人的情況是這樣的，網站上的「徵人資訊」中，會將各部門的員工採訪報導或「年輕女性員工座談會」等內容，都作為「員工介紹」刊載出來，透過這些，大眾就可以知道有哪些年輕員工進入這家公司了。

網站上的文章，基本上不會刊載負面的內容，因此多少要打個折扣來看，但即便如此，仍然能感覺到該公司的活力。

北方達人錄取的名校畢業生如下，聚集了以東京大學、京都大學、早稻田大學、慶應大學為首的知名大學畢業生。

「北方達人」的員工們，都畢業於知名大學！

- 東京大學　● 京都大學　● 慶應義塾大學　● 早稻田大學
- 大阪大學　● 北海道大學　● 東北大學　● 明治大學
- 青山學院大學　● 東京農工大學　● 立命館大學　● 津田塾大學
- 關西學院大學　● 日本大學　● 駒澤大學　● 北海道教育大學
- 小樽商科大學　● 北星學園大學

二〇一八年四月應屆的大學畢業生起薪，與前一年比起來提高了36％（9萬日圓）達到34萬日圓。從這些動態看起來，就知道他們用了相當大的心力在採用優秀的人才。

☑ 本業有成長嗎？

在這裡定義的本業，是指「營業額占大半的事業」或是「未來可能占營業額大半的事業」。

多角經營事業的公司，一般來說會因分散經營風險而獲得好評，但是也有可能因此乍看之下看不出本業為何，這一點也要特別注意。

將經營資源集中在本業的公司，業績比較容易急速成長，我們的目標是「1年內股價漲3倍以上」的集中投資小型股，所以最好是挑選集中經營本業的公司。

北方達人的經營情況是，定期購買的網購事業營業額幾乎占營業額的全部，並且一直都穩定的成長，因此這一點也過關了。

☑ 感覺將來營業額會是什麼樣的規模？

雖然只是一個大概的數字，不過我們要建立一個營業額大概可以成長到什麼地步的「**未來營業額規模的假設**」。

為此，通常在考外商管理顧問公司時一定會考到的「**費米推論**」就很有幫助了。

例如「日本的咖啡廳有幾家？」「世上的貓咪有幾隻？」這

種乍看之下難以想像的題目，只要以幾個可能的根據數字為基礎，就可以「籠統的推論」出來。

這是因為諾貝爾物理獎學者恩理科・費米（一九〇一～一九五四）很喜歡考學生類似的問題，所以被稱為「費米推論」。

要正確預測將來的營業額，本來就是不可能的事情。只要用玩遊戲的感覺去抓出「大致上的規模」，這樣就好了。

「未來的營業額會是「數億圓規模」吧？」抓住這種程度的「大致上的感覺」就可以了。

北方達人當時的營業額，約是22億日圓左右。

當時銷售健康食品的公司或營養補給品的業界，大概都是這樣的好業績，讓人感覺到有時代的潮流在作後盾。

查了一下商業模式類似的其他競爭公司，發現每一家公司最近這幾年來的營業額都是呈現倍數成長。

例如，雖然是未上市企業，不過「Media Heart」這家公司在2014年以減重效果五星好評的「清爽蔬果汁」為主打商品，在健康食品的網購業界業績急速成長，三年就達到了營業額100億日圓的規模（雖然該公司的三崎優太社長後來因為逃稅1億8000萬日圓，遭到以違反法人稅的罪名起訴，但是當時都有在媒體上出現，並且業績也蓬勃成長）。

與這樣的競爭對手相較之下，我認為北方達人今後三年的營業額，也可能會急速成長為百億日圓的規模。

*編註：根據北方達人公司所揭露的2019年2月財報表，營業額為83億，2020年2月則為100億；純利在2019/2為12.9億，2020/2為19億，市值在2019/2為623億，2020/2為734億（2019/8一度來到1,000億）。

以北方達人2016年公布的財報資料推測

	目前的時間點		3年後*
營業額	22億日圓	↗	100億日圓
純利	2.2億日圓	↗	20億日圓
市值	68億日圓	↗	1000億日圓

假設三年後營業額超過100億日圓，接著來思考利潤會變成多少，市值又會成為多少。

雖然這完全是「還沒到手就先打如意算盤」，不過對於理工科系出身的我來說，這也是最好玩的工作。

北方達人提供的商品成本（銷貨成本）雖然沒有公開，但是健康食品或化妝品的銷貨成本從商品的單價看來，就算高估也有10～20％左右，這是業界的一般水準。

三年後的純利以20億日圓來概算，由於當時很積極的使用廣告費用，因此如果很積極宣傳，我想「純益應該相當於營業額的20％左右」。

這完全是我自己估算出的數字，雖然多少會偏離實際的數值，但是無論如何，我推測出的獲利率應該相當高。

以當時的北方達人營業額22億日圓，純利2.2億日圓來說，

我所評估的數值，並不是他們使出全力最優的獲利，很可能是在投入某種程度的長期投資之後留下的利潤，這是我的假設。

若是如此，如果營業額來到100億日圓的規模，純利大約是20%，因此就是20億日圓，是目前2.2億日圓的約10倍了。我認為純利變成10倍，市值也變成10倍（股價變成10倍），也是非常有可能的！

用費米原理大致推估之後，我判斷這家公司有充分的潛力，可以達到一年以內股價漲到3倍以上，最後決定投資！

■ 投資之後，一天用5分鐘 來觀察持有的個股

在正式投資了北方達人之後，我並沒有放任不管，而是認真地觀察同時檢視以下幾點。

- ☑ 有沒有發生商業糾紛？
- ☑ 經營方針有無變更？
- ☑ 經營團隊有沒有人賣出自己公司的股票？
- ☑ 預設的營業額或純利是否有可能達成？

說是說觀察，但是我不會一整天都在看股價。

一天看一次股價，當股價有大幅變動的時候，就看看有沒有相關的新聞，查查看變動的原因，大概就是這樣而已。

一天最多5分鐘。有大幅變動的時候，就多花一點時間調查原因，在上班上課的途中，還有吃飯或工作時的休息空檔也可以。

在我買入北方達人後過了一個月左右，我得到一則消息，前面提到的以類似的商業模式販賣健康食品的「Media Heart」，年度營業額超過100億日圓，而且還在成長中。

在獲得這個資訊的同時，我判斷「跟同業的其他公司比起來，北方達人營業額規模尚少，因此應該還有成長空間」，決定

2017年北方達人的股價K線圖

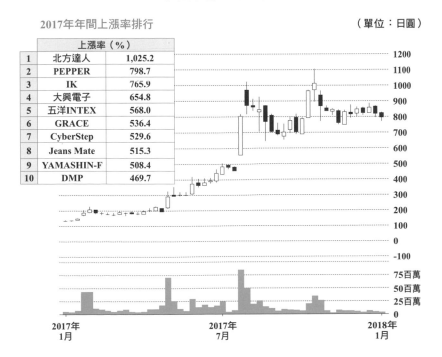

2017年年間上漲率排行　　　　　　　　　　　　　　　　　（單位：日圓）

	上漲率（%）	
1	北方達人	1,025.2
2	PEPPER	798.7
3	IK	765.9
4	大興電子	654.8
5	五洋INTEX	568.0
6	GRACE	536.4
7	CyberStep	529.6
8	Jeans Mate	515.3
9	YAMASHIN-F	508.4
10	DMP	469.7

持續持有股票。

當時，以短期上漲來說值得期待的注目個股（主題類股）來說，健康領域也有被提及，這一點也是正面的好材料。

我更聽說了另一件事，由朋友經營的「Oligo糖」網購事業生意也很好，實際上對「健康食品或化妝品的網購業界整體都在成長」非常有感，也是我不實現損益、持續持有的理由。

再提一句巴菲特的投資名言，**「股票投資的奧義就是，找到好股票，在好的時機買入，只要公司是好的，就繼續持有。」**

說是這麼說，但在下手買之前，就算覺得這家公司「營業額規模會成長到100億日幣！」但實際投資之後，卻又無法抹去「業績是否能順利成長？」的不安心情。

為了消除這樣的擔憂，要定期確認你持有的股票的價格變動，如果股價有大幅變動的話，就要追蹤相關新聞或是其他對手公司的動向、業界的動向。如此一來，就可以看清你所持有的股票價格上漲的潛力極限最接近哪裡。

就結果而言北方達人二〇一七年股價上漲的比率是1025.2%，就像打出完全打擊一樣大翻漲，是該年度上漲最多的個股，而我光是這一支個股，就有超過1億日圓的獲利。

由於有投資人看到新聞也買入，所以股價就漲得更高，北方達人的股價，最後變成我投資時的12倍以上。

■ 盡量不要喜歡上你投資的公司！

　　華倫‧巴菲特奉為老師的美國傳奇投資人班傑明‧葛拉漢，就是以「在價格低於本質上的價值時買入，在價格高於本質上的價值時賣出」為基本原則。

　　因此，重要的是**「盡量不要去喜歡你所投資的公司」**。

　　會這麼說，是因為有很多投資人對投資的目標有太多感情，結果股價上漲或下跌都無法賣掉。

　　這是因為你一度持有後卻給了過高評價，於是變得不太能放手的「**持有效果**」造成的。根據行為經濟學家、也是諾貝爾經濟學獎得獎人丹尼爾‧康納曼（Daniel Khaneman）所做的實驗，人會傾向於給予自己一度獲得的物品高於之前兩倍的評價。

　　當然，股價仍在上漲的期間自然無所謂，但是即使業績惡化的條件出現，也往往像是沒有意識到似的。

　　於是，股價跌了超過10～20％，更進一步持續下跌，也仍然無法停損，開始出現毫無根據的自信認為「因為是家好公司，所以應該還沒關係」。

　　然而，好不容易價格上漲了，卻又錯過賣出的時機，反過來在下跌時也無法停損，抱著許多的未實現損益，陷入「套牢狀態」……為了避免變成這樣，請你千萬千萬要小心！

Chapter **4**

會上漲的股票，
有兩種模式

■■ 飆股有兩種，抓住對的上漲模式！

短期間內大幅上漲的股票當中，有名符其實的上漲股以及並不符合實際狀況的上漲股。

- 名符其實的上漲股──【特徵】花費數個月時間，慢慢往上爬
- 只因期待而上漲的股票─【特徵】短期內急速上漲、急速下跌

光靠期待上漲的股票，是指商品或服務在發行後，但尚未實際暢銷之前（有時候商品或服務仍在未完成的狀態）只因投資人的期待而上漲的情形。

例如像以下這樣的公司──

- 未完成、但玩家期待值卻很高的遊戲公司
- 正在開發癌症特效藥的公司
- 有進軍海外計畫的公司
- 公司正在規劃乍看之下相當不得了的新事業
- 發表與知名企業攜手合作的公司

不論何者，都是還沒有到達實質上業績增加的階段，儘管如此，投資人的期待已經使提前買入的買單湧入，股價因此急速上

漲。以未確定因素為前提，光靠投資人信心與期待而上漲的股票，有短期內急速上漲的特徵。

然而，之後若是市場判斷實質內容並未相符，那麼途中就會殺出賣單，造成股價急跌。

當然也有極端的例子，在下兩頁會詳細說明的Brangista（6176）那樣，上午才以為它要漲停板了，結果當天下午卻變成跌停板的例子。

另一方面，符合實質狀況上漲的股票，是因為實際上商品或服務暢銷（視狀況而定有時在決算發表之後）所以才上漲。

例如像這樣的公司——

- 分店數成長業績上升的公司
- 發售便利的裝置，使營業額急速擴大的公司
- 新發售的遊戲蔚為風潮的公司
- 開始打電視廣告的公司
- 雖然不顯眼，業績卻腳踏實地成長的公司

隨著營業額的增加，股價的上漲也有時間落差，和只因為期待而急速上漲的個股相較之下，上升較為緩慢（其中也有業績急速擴大，股價急速上升的案例）。

無論如何，**不要忘了「股票都是人在買賣」**。

最近由AI所做的買賣增加了，但是面對著電腦或手機畫面的，基本上還是「活生生的人」。

這是很基本的事情，那就是股票市場是有「賣方」與「買方」兩者的存在才成立。

賣股票的人是對自己所持有的股票已經沒有期望所以賣出，買股票的人則是預期會上漲才買入。

買到股票的背後，就是一定有人賣出那個股票，相反的賣了股票的背後，肯定有人買到。當你在賣（買）股票的時候，一定有投資人站在跟你相反的位置。

以此為基礎，我們來看看剛剛那兩種模式的具體案例吧。

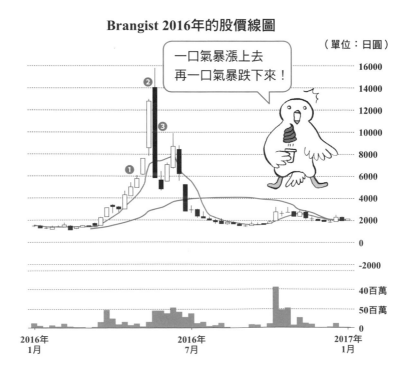

Brangist 2016年的股價線圖

模式1 只因投資人看好，而快速上漲的股票

首先來看看只因為期待而上漲的股票，具體案例就來看一下我也有實際投資的東證MOTHERS「Brangista」（6167）的價格變動。我們看上一頁的股價線圖，會發現它大約在兩個月左右，一眨眼股價漲到10倍，之後又在兩個月左右，轉眼間又跌到十分之一。

這就是「只因為投資人期待而上漲」的典型價格變動。

說到底，為何Brangista的股價會急速飆漲呢？

簡單來說，就是因為發表了「作詞家秋元康擔任總製作人，發行跟偶像團體『AKB48』相關的遊戲『神之手』」這個消息，使得投資人的期待急速上升。

股價急速上漲的二○一六年，AKB48在音樂資訊公司「ORICON」的年度單曲排行中獨占了前四名，展現出絕佳的人氣（二○一七年AKB48也在年度單曲排行中獨占了前四名）。

而秋元康的高知名度也幫了忙，他是AKB48的製作人。僅管遊戲的具體內容尚未發表，期待值還是不斷高漲，一轉眼股價就漲到10倍了。

但是，後來具體的遊戲內容發表之後，僅僅一個星期內股價就跌了一半。在遊戲上市上線之後，股價雖然也大幅震盪，但在公開的兩個月之後，股價跌到最高點時的十分之一，於是產生了所謂「Brangista事件」。我們在下一頁簡要的整理這個事件的來龍去脈。

2015年10月27日

由Brangista全額出資，設立子公司「Brangista Game」開發手機遊戲。
發表會上說明，將由作詞家秋元康擔任總製作人，將發行與偶像團體
「AKB48」相關的遊戲

2015年11月10日

Brangista Game發表了發行主題，「遊戲名稱為『神之手』。以宅男為
目標市場，找來秋元康擔任總製作人，以開發過去不曾有過的嶄新線
上遊戲、手遊為主軸，預定開拓大範圍的服務。」

2015年12月8日

發表「對Brangista Game的25個Q&A」（以下為內容精選）
「內容非常精彩有趣。真的是『神之手』」
「畢竟規模有3兆日圓」
「相信發表之後就會領略這真的是『神之手』」
「這個遊戲很特別」
「『神之手』不會像過去的遊戲那樣因為攻略成功了、膩了就結束。
是可以永遠持續下去的遊戲」

2016年4月25日 ❶

預定於5月27日發表「神之手」的全貌

2016年5月27日 ❷

新聞發布
「由人氣偶像團體AKB48的製作人秋元康擔任總製作的手遊『神之
手』開始提前註冊。預定開始服務的日期，是AKB48的第45張單曲選
拔總選舉的6月18日。
預計收益：年營業額1,200億日圓」

2016年6月18日 ❸

「神之手」發行

2018年12月19日

「神之手」結束服務

只因投資人的事前期待而股價上漲的個股，從數天到數星期不等，短期間內會急漲數倍，但相反的，只要有一點點不符合期待，股價就會反過來急速下跌。

類似這種情況的個股還有生技創投、IT（網路）企業、知名投資人正在蒐購的個股等等，都容易有類似的價格變動傾向，因此要注意。

他們的共同點是，在商品、服務的銷售實績或業績顯現之前，只是因為投資人的期待使得股價上漲，而這個期待崩跌的時候股價也同時暴跌。

可以時時刻刻盯著股價K線圖的畫面，仔細的檢視股價或新聞的專業操盤手的話，應該就可以對這樣的個股出手吧。

然而，有正職的上班族如果投資這樣的股票，在暴跌的時候有無法及時因應的高度風險，因此不太建議投資。

模式2　名符其實上漲的股票

接著是伴隨實質成績上漲的股票具體範例，也是我實際上有投資的Pepper Food Service（3053）。

我推薦的是這種模式的，**這類的股票，就不需要每天一直檢查股價。投資下去之後，戰略就是只要在業績還順利成長的時候持續持有，在業績的成長遲緩之後賣掉就可以了。**

Pepper Food Service是以牛排店「Pepper Lunch」為事業拓展的公司，收益的主要支柱就是立食餐廳「IKINARI！STEAK」。

該公司於二〇〇六年九月在東證MOTHERS市場上市，二〇一七年五月經由市場選擇制度變更到東證二部，同年八月升格到

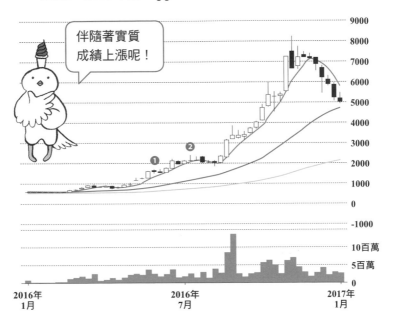

2016～2017年的Pepper Food Service股價線圖

伴隨著實質成績上漲呢！

東證一部。二〇一八年九月，更成為第一家在美國納斯達克證券交易所（NASDQ）上市的日本外食產業。（二〇一九年六月以在美國市場發展不順利為由，表明自NASDQ撤退）

　這支個股在二〇一七年，股價花了約九個月時間翻漲到10倍。股價是伴隨著「IKINARI！STEAK」的營業額、獲利一起成長的。

　它以在紐約開設「IKINARI！STEAK」的分店受到注目，後來這成為升格到東證一部的好材料，股價大幅成長。在東證一部上市後，由於機構投資人也比較容易買入該股，而成為投資的好材料。

　那麼，他是在什麼樣的時機下發表什麼樣的新聞呢？我們同樣在下一頁簡要的整理這個事件的來龍去脈。

2013年12月25日
「IKINARI！STEAK」第一家店在東京銀座開幕

2014年12月30日
「IKINARI！STEAK」30家分店開設達成

2016年5月25日 ❶
2015年餐飲業界分店及營業額成長率第一名（日經MJ調查）

2016年7月22日 ❷
「IKINARI！STEAK」開設100家分店

2017年2月23日
「IKINARI！STEAK」於紐約開店

2017年8月28日
升格至東證一部

2018年8月9日
「IKINARI！STEAK」開設300家分店

　　我最初注意到這家公司的時候，是二〇一六年的二月。

　　在東京的新宿與朋友吃完飯後，晚上九點過後走在街上，一列長長的隊伍映入眼中。

　　我心想「這是在排什麼？」，靠近一看，原來是在排隊等待進入「IKINARI！STEAK」店內用餐的顧客。

　　在好奇心的驅使下，我拿出手機搜尋，發現經營的公司是在東證MOTHERS上市的「PEPPER FOOD SERVICE」。在這個時間點，股價是完全沒有動靜的。

當時「立食牛排店」是相當罕見的營業方式，因此我便找了一天，先到店裡去吃一次看看。

牛排非常好吃，但是由我這個消費者的感覺來看，覺得想坐下來吃而不是站著吃。（後來過了不久也引進了椅子）

之後，實際上股價開始有動靜，是在我最初注意到又過了一年後的二〇一七年二月。

這花的時間比我當初所想的還要多，但是受到投資人注意並進入上升趨勢之後的股價，即便會反覆上下變動，但是仍然是緩緩的往上爬。

像這樣伴隨著實質業績上漲的個股，在事業成長的當中某種程度也讓你能帶著安心感持續持有。賣出的時機點也是在確認「事業的成長放緩」之後也不算遲。

對於有其他正職的上班族投資人來說，將會是絕佳的投資對象！

選股達人的獲利筆記

目標放在伴隨著實質業績狀況上漲的公司，股票買起來才安心實在！

Chapter 5

從日常生活中
找到投資亮點

■■ 將日常生活和投資理財連結起來的方法

前面介紹了「錢途股」、「完全打擊股」的評估要點，其中有多次提到「消費者的喜好」，這次，就從自己身邊最近的地方開始談起吧。

我到目前為止提到過幾次「消費者感覺」這個詞，但是在**日常生活中，就潛藏著有希望的投資標的情報。**

若不在平日就豎起天線，去意識並捕捉這些情報，這些情報就會從你眼前溜走。**珍貴的訊息每天都在你眼前經過，但是大部分的人幾乎都沒有發現。**

只有發現的人才能捕捉到這些錢途無量的情報，抓住獲得重大報酬的機會。

例如，剛才在Pepper Food Service的案例中提到的「排隊」，也是一個珍貴的投資情報。

很多人看到有人在大排長龍，就算有興趣知道「是在排什麼

走在路上看到有人在排隊，通勤路上發現廣告大力宣傳的商品
→把這些變成股價急速上漲的現場情報！

隊？」，但當他們知道「哦？原來是在排這家店」的時候，就會直接忽略跳過去。

如果是投資家，在看到排隊的瞬間，就必須要有「這是投資機會！」的反應！在路上或大眾運輸上看到的「廣告」，也是非常貴重的投資情報。

一家公司就算有新的商品或服務發行，也不會在沒把握是否會暢銷的情況下就花大錢砸廣告。

暢銷商品系列的第二彈、第三彈，這種暢銷可能性很高的商品或服務當然就沒有話說，但是新的商品、新的服務，如果一開始就投入鉅額廣告費長期投資，萬一失敗就會造成大損失。

首先，先打小規模的廣告，在確定了「廣告宣傳費花了多少，就會確實賣得多好」之後，再投入大金額的廣告，這是普通的做法。

會花大錢做廣告宣傳的商品或服務，不是已經有某種程度的銷售成績，就是至少公司判斷這項商品（服務）是花錢做廣告宣傳就會暢銷。

你最近常看到廣告的商品或服務的公司，業績或股價正在成長的可能性很高。

選股達人的獲利筆記

留意日常生活的訊息，對找到賺錢股是很重要的！

把看到的廣告跟投資連結的方法

這是很基本的事情，不過大家如果先了解廣告的目的分為兩大類的話，即便簡單，卻能提高「情報靈敏度」。

廣告分為看到的人會引發購買衝動的「直接反應廣告」，與傳達企業或品牌世界觀的「形象廣告」這兩大類。

什麼是直接反應廣告？

目的是讓看到廣告的人馬上就會採取行動（購買商品或服務、索取廣告與投資相關的資料、下載App、免費註冊等），基本上如果廣告打得好，營業額及利潤就會增加的架構，然後再投入廣告費用。

〔廣告例〕新商品的宣傳/App的宣傳/電影的預告

「北方達人公司」的直接反應廣告，主打關鍵字有「全日本銷售第一/
為了皮膚不好的女兒花5年研發產品的媽媽/用砂糖做的皮膚保養品」。

想將這家公司列為投資對象，要注意的就是與營業額及提高獲利直接相關的「直接反應廣告」。

然而，直接反應廣告在廣告開始打出來後，經過一定的時間，效果就會慢慢變得薄弱。

以檢討投資的時機上來說，廣告在開始推廣出去的階段是最理想的。簡單來說，就是當你覺得「最近，開始常常看到這個廣告」的時候就要注意了！

什麼是形象廣告？

讓看了廣告的人覺得「這家公司（品牌）真不錯」，目的是直接提高企業形象或品牌力。基本上不是為了眼前的營業額或利益，而是中長期以品牌化為目的（在培育品牌的過程中，也有促使消費者產生購買行動的意圖）。

〔廣告例〕企業廣告/高級車、高級化妝品、高級手錶等的廣告

上圖為「TORAY」的形象廣告（企業廣告）。

■ 把閒聊的話題和投資連結的方法

我認識一位投資家，他有一個上小學的兒子。

為了討厭讀書的兒子，他想盡了辦法，讓他去某家補習班上課，一開始兒子明明很抗拒的，但是不久後，竟然自己主動「我想去補習班」。

我問了投資家的太太是怎麼回事，原來是該家補習班早有風評，是以獨特的教育手法引發孩子的興趣，小孩跟父母對他們都有很高的評價。

於是我調查了一下那家補習班，發現他們是一家以京都與滋賀為中心、經營補教業務並在東證二部上市的企業「京進」（4735）。

後來我一再評估後，決定投資下去，這家公司的財報狀況也寫下佳績，在我投資後約過三個月左右，股價就跳漲了近兩倍。

除此之外，我還有過這樣的體驗。

跟大學的朋友很久不見，於是熱烈的聊起了「地方縣市常有的事」。

地方常有在首都圈內沒有的超市或是家庭餐廳、藥局的名稱，感覺非常新鮮，但是朋友說「藥局的話，還是藥王堂第一」。

雖然是我沒有聽過的藥局，但是我用第三章所提到，看到感興趣的公司時的Check法查了一下，得知它是在東證一部上市，以岩手縣為中心，在東北五縣開設店舖的連鎖藥局。

當時速查到，這家藥局二〇一六年二月期的營業額、最終獲利都創下新高。雖然花了三年，比我們一開始設定的「一年內翻3倍」要慢了許多，但是藥王堂（3385）的股價，與當時相比之下漲了3～4倍。

像這樣藉著收集身邊人的真實聲音，也可以捕捉貴重的投資情報。

在這一點上，如果是有孩子的家庭，多注意孩子們之間流行的遊戲或是動畫也是可以。

遊戲動畫「妖怪手錶」或是手機遊戲「寶可夢」流行的時候，任天堂公司的等相關股票都大幅上漲。

要在平日的閒聊中收集有用的投資情報時，有幾句很好用的台詞。

抓住時機直接問對方，「你最近都把錢花在哪方面上？」「最近有沒有買到什麼好東西？」。

「我最近買了這種東西」或是「我正在找有沒有什麼有趣的商品或服務」等等，把話題拋出去看看，很自然地就會在閒聊當中越聊越多。

 選股達人的獲利筆記

不要忽略不經意的閒聊，把它與投資機會連結起來吧！

人們花錢，至少是感覺該商品或服務「有花錢的價值」才對。閒聊時就從這裡開始，自然隨意的去尋找投資的情報吧。

在閒聊中，感受到對方與自己不同的消費者感覺，也會讓你發現新的投資機會！

■ 把自己的工作跟投資連結的方法

要找到將來有可能會上漲的股票，把範圍縮小到「跟自己的工作相關的業界（公司）」也很有效。

在業界理所當然有許多情報，但很多情況下，你不會發現那是重要的情報。把這樣的意識重新歸零，就有可能遇到意想不到的投資機會。

當然我說的不是非法利用未公開資訊來進行內線交易那種非法又投機的手段，而是一般人不會去注意到的，即便是小小的變化，人在業界就會理所當然的有情報進來。

我大學畢業之後進入的Open Door，從事的是針對手機的新事業的企劃、開發，因為這樣的業務，我徹底調查過當時流行的手機應用程式以及相關廣告。

於是，我發現常常聽見兩家公司的名字。

其中之一，是開發暢銷手遊App「龍族拼圖」的「GunHo Online Entertainment」（3765）。現在是東證一部的上市企業，但是當時是在大阪證券交易所的Hercules市場上市。

龍族拼圖的付費系統，我越深入調查，就越覺得它真的是一個考慮周詳的商業模式，而我實際上把遊戲軟體下載來玩了之後，也發現確實很好玩，也有一段時間很迷這個遊戲。

另外一家公司是以「A8」、「Nendo」這種手機專用的「聯盟行銷」廣告為事業發展的「FAN COMUNICATIONS」（2461）。

聯盟行銷廣告，指的是在手機用戶會拜訪的網站或應用程式裡，自動顯示的高親和性的廣告。當時是掀蓋手機（舊型手機）轉到智慧型手機的高峰時期，因此有相當大幅的成長。

我當時雖然運用了各種針對手機的廣告系統，但是「Nendo」的收益率在業界是最突出的。

像這樣的情報，即便在業界內是常識，意外的是一般的投資人都不知情。像這樣的情報量差異之處，就有重大的投資機會。

GungHo Online Entertaiment在那之後的一年內，股價漲了約40倍，Fan Comunication也一樣，股價急速翻騰了10倍。

 選股達人的獲利筆記

以自己的工作看來想當然爾會知道的事情，其實很珍貴！

我的朋友當中，有一位在大醫院任職的醫生。

某一次他發現自己任職的醫院，病床全都是一個叫「Paramount」的品牌，經過各種調查之後，他就投資了這家公司「Paramount Bed Holdings」（7817）。

他在投資這支股票之後，雖然股價沒有馬上急速上漲，但是大約過了六年，股價漲了約2.5倍。

像這樣用與自己的工作相關的商品、服務，著眼於評價好或是急速成長的公司身上，發現有錢途個股的可能性就會大幅提高。

■■ 把社群軟體上的消息跟 投資連結的方法

以社群軟體為消息來源的散戶正在快速地增加中，許多人會跟隨推特上知名投資人的推文，由此獲得投資情報或市場觀念。

有非常多的人會囫圇吞棗的接受知名投資人的推薦而去投資，但是網路上流傳著許多缺乏根據、可信度低的消息，因此要特別注意。

有人會在推特上推薦自己投資的個股，目標是為了炒上去後獲利，所以還是維持著把它當成「只是參考意見」就好的態度比較妥當。

如果要利用推特消息和投資做連結，我認為與其追隨特定投資家的投資情報或市場觀念，還不如當成是獲得「最近流行什

麼？」的趨勢情報（事實）會更好。

那麼，我們就來看一下具體的實例吧。

二〇一六年十一月十二日，由東證一部上市公司「TOKYO THEATRE」（9633）所發行的動畫電影《在世界的角落找到你》上映了，看過這部電影的人在推特上發文說「真是了不起的傑作，總之希望很多人可以去看」，結果該公司的股價在一星期內翻漲了兩倍。

在電影上映五天後（十七日）的推特（Twitter①），成為了「現在流行什麼的趨勢情報」。只是在這個時間點，股價並沒有什麼變動。

然而，就在這則推文慢慢擴散出去之後，TOKYO THEATRE營運的電影院「Theatre新宿」，連日出現爆滿賣出站票的盛況，這個消息之後也擴散出去了。

觀看人次到了上映的九天後（二十一日）來到126,200人，以上映院數只有六十八間的小規模上映來說，票房是突破往例的大賣座。

隔天（二十二日），新宿Theatre一個星期的票房收入創下過去十年來的最高紀錄，這樣的消息，也在推特上開始流傳（Twitter②）。

這個消息直接成為引爆點，股價急漲。當天（二十二日）就漲停，跟前一天比起來漲了50日圓（38％），以182日圓收盤。

之後，在投資人之間很有名的股票資訊網站「股市全力報導2層樓」網站（http://kabumatome.doorblog.jp）也報導了這件事，使股價的上漲再加速。結果就是TOKYO THEATRE的股價

TOKYO THEATRE的股價K線圖

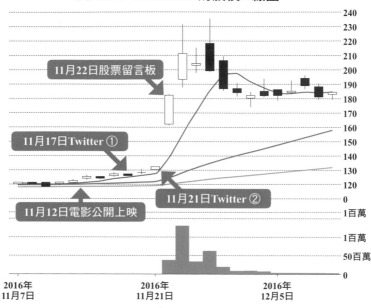

240
230
220
210
200
190
180
170
160
150
140
130
120
0
1百萬
1百萬
50百萬
0

11月22日股票留言板

11月17日Twitter ①

11月21日Twitter ②

11月12日電影公開上映

2016年
11月7日

2016年
11月21日

2016年
12月5日

11月17日Twitter ①

開始出現電影很好看的推特評論。

ぬまがさワタリ @『ふしぎな昆虫大研究』発売中 @ · 2016年11月17日
映画『この世界の片隅に』がとんでもない傑作だったので、とにかく沢山の人に観てほしいと思って「全く興味ない人にオススメする」という目的で紹介マンガを描きました。文字ばっかりですが布教に活用してくださいい。今年は映画100本くらい観てますが、1本オススメするなら迷わずコレです。観てね。

♡ 99　⇄ 4万　♡ 4.7万

11月22日股票留言板

知名股票觀測網站推波助瀾。

市況かぶ全力2階建

盛り上がった株ネタや震える材料を紹介しています

映画「この世界の片隅に」大当たりの兆し、テアトル新宿が過去10年で最高の週間興行収入を記録

ゲーム・アニメ・コンテンツ・アプリ

11月21日Twitter ②

電影院票房破紀錄的推文。

元編集長の映画便り
@moviewalker_bce

2週目も動員10位『この世界の片隅に』は土日の動員は3万9638人、興収5679万8980円で累計では動員11万7332名、興収1億6289万9760円となっています。動員10万人突破はすごいですね

♡ 122　17:58 - 2016年11月21日

193人がこの話題について話しています

元編集長の映画便り
@moviewalker_bce

『この世界の片隅に』初週土日は男女比8:2で30〜40代が中心、その後クチコミ効果でシニアや学生が多数来場し土日比で大幅に落ちませんでした。2週目土日は男女比5:5となり家族や学生も多くなっています。またテアトル新宿では1週間興収がこの10年間の歴代1位を記録しています

♡ 850　18:35 - 2016年11月21日

1,234人がこの話題について話しています

在一星期內翻漲了約2倍。

可是……。

「東京 THEATRE」雖然公司名稱跟電影院一樣有個「THEATRE」，但是影像相關事業只占他們整體營業額的2成左右而已。他們的主要事業是「不動產、餐飲」的相關事業。

此外，二〇一六年在國內上映的電影票房排行榜上，《在世界的角落找到你》僅止步於第十七名，並沒有達到當初期待的票房收入。

因此，東京THEATRE的股價就開始咕嚕咕嚕地往下滑了。

這個東京THEATRE的案例，就符合因投資人的期待導致一時的股價上漲，但是即便如此，如果有跟到一開始的推文，在短期內也能獲得大筆利益。

說來說去，社交媒體上的消息在目前來說是最快速的，以不同的方法來使用也非常有幫助。**在推特上正確的資訊收集法是，要貫徹「忽略個人的意見，只挑事實來看」的態度。**

當然必須確認消息來源，例如下列這樣的推文，我也會當作事實來運用。

○ 創下最高收益
○ 財報發表時向上修正
○ 社長賣出持有的公司股票
○ 因發表股票分割漲停板
○ 發售新商品

在推特上，要無視個人基於主觀的意見或既得利益者的看法，像這樣只挑選事實來看，社交媒體就會是「最快速消息來源」的重要武器。

相反的，在社交媒體上，應該要避免相信是像類似以下這樣的內容。

> ✗ 按照這個狀況下去的話，應該會創下上市以來的新高
> ✗ 已經跌了100日圓了，想大量買進
> ✗ 看起來好像要觸底了
> ✗ 某某公司是好公司，所以不要緊
> ✗ 這支股至少會漲到3倍，所以可以放著
> ※放著就是表示持續持有的意思

乍看之下好像是有情報價值的東西，但是這些都是個人的意見，並不是事實。**看到這種發文的當下，全部都跳過去，忽略最好。**

如果說想參考他人的意見，作為自己的投資判斷，至少應該要花點功夫追溯調查一下「發文者是什麼樣的性格」、「過去有過什麼樣的發言」，「他說的股票有過什麼樣的價格變動」。

就連正在看這本書的你，在讀完之後，一定要自己思考過後再做投資判斷！

 選股達人的獲利筆記
社交網路上，基於事實的資訊是可以利用的！

■ 把平日的新聞跟投資連結的方法

　　如果要把平日的新聞跟投資連結，比起直接看股票資訊，時時關注並意識到「社會的變化」會更好。

　　以下就是我個人特別推薦要關注的三種新聞類型。

（1）修正法案的新聞

　　當法律或社會的規則改變的時候，投資的機會也會誕生。

　　假設博弈法案通過的話，就很容易想像娛樂業界或觀光業界的金錢流動了。

　　假設人才採用的相關法案放寬的話，人才的流動性提高，與人資相關的業界股價應該就會上漲，假設減輕餐飲業課稅的法案通過的話，餐飲相關的個股應該也會齊聲上漲。

　　掌握到像這樣的法案修正等社會規則改變的新聞時，要試著去聯想：「**透過這個修正案，會獲利的是哪個產業？**」

（2）判決的新聞

　　法院（特別是最高法院）的判決，也會視內容為股價帶來重大變化。

　　例如，在二〇一三年有一個最高法院的裁決，判定限制在網路販售一般用的醫藥用品（大眾藥品）屬於違憲。

　　「Kenko.Com」與「WellNet」這兩家網路購物公司控告厚生勞動省（編註：相當於台灣的衛生福利部）禁止在網路銷售除

維他命等第三類藥品之外的第一、二類恐有副作用的藥品，屬於違憲，而最高法院的判決也認可了這個主張。

當時基於這個判決，在東證MOTHERS上市的Kenko.com股價就漲停了（目前已經是樂天的100％相關子公司）。

而另一方面，當時WellNet是未上市的有限公司，在JASDAQ上市的同名大型交易清算公司的股票因此被錯買，而急速上漲（笑）。透過這樣的判決，也有可能產生投資機會。

（3）「被大幅報導」的新聞

重點在於被「大幅報導」，而非大事件的新聞。

就算是大事件，如果沒有被大篇幅報導，對社會跟股價都不會有太大影響。另一方面，就算不是重大事件，如果被大幅報導而給社會帶來很大的影響，就同時也會給股價帶來影響。

例如，開車時故意將車間距離拉近的「逼車」新聞，造成社會譁然變成社會問題的時候，購買行車記錄器以求自保的駕駛人就會快速增加，相關的個股就會有很多人買入。

另外，當企業洩露個人資訊而被大幅報導時，就成為許多企業重新檢視個資防護機制的契機，跟資訊防護相關的個股就會上漲。像這樣即使不算是大事件的新聞，由於「被大幅報導」產生某種投資機會的可能性很高。

 選股達人的獲利筆記

平常就會出現的新聞也是只要改變一下看新聞的角度，就能跟投資連結起來！

Chapter

6

股票投資基本功：
「何時買」、
「何時賣」

■ 用你熟悉的相同產業來
預測類似的價格波動

股票投資的基本，就是「找出」有希望的個股，「買進」和「賣出」這三個步驟。

在股票投資上無法獲利的人，就是在這三個步驟中的某個步驟出了問題。

雖然已經是七、八年前的事了，自二〇一二到二〇一三年，前文中我提到多次的手遊「龍族拼圖」的大暢銷，使營運公司「GungHo Online Entertainment」（3765）股價急速成長。

記得當時我坐在電車上玩龍族拼圖的時候，左右兩邊的乘客，居然都在玩龍族拼圖！真是讓我嚇了一跳。遊戲這樣的普及熱門，GungHo的股價往上跳升也是可預期的。

如果只看股價的上升局面，雖然是一股急漲的態勢，但是遊戲遲早都會被玩家玩膩。

越是狂熱的有戲就越是如此，熱度冷卻也是轉瞬間的事情。當玩膩遊戲的玩家開始增加，營業額的成長率也會趨緩，於是敏感的投資人就開始賣股，股價就因而開始崩跌了。

GungHo的股票在一年間，就暴漲了90倍！之後又快速的暴跌。就這樣大約三年後，股價跌到剩下五分之一的水準。

像這樣的價格變動，在同業的其他遊戲公司身上也會發生。

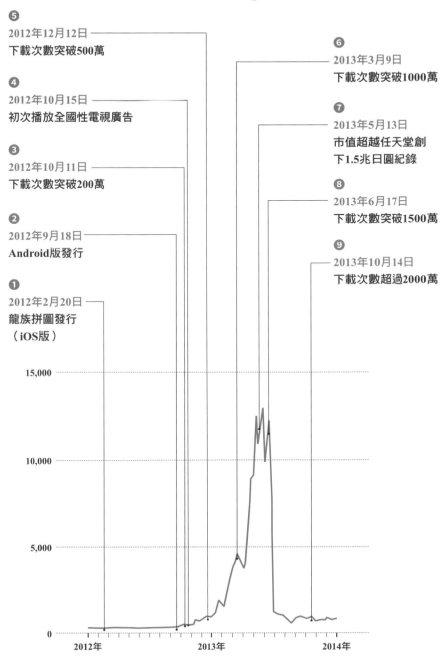

2012～2013年之間GungHo的股價線圖

⑤
2012年12月12日 ——
下載次數突破500萬

⑥
2013年3月9日 ——
下載次數突破1000萬

④
2012年10月15日 ——
初次播放全國性電視廣告

⑦
2013年5月13日 ——
市值超越任天堂創
下1.5兆日圓紀錄

③
2012年10月11日 ——
下載次數突破200萬

⑧
2013年6月17日 ——
下載次數突破1500萬

②
2012年9月18日——
Android版發行

⑨
2013年10月14日 ——
下載次數超過2000萬

①
2012年2月20日 ——
龍族拼圖發行
（iOS版）

15,000

10,000

5,000

0

2012年 　　　　　　　　　2013年 　　　　　　　　　2014年

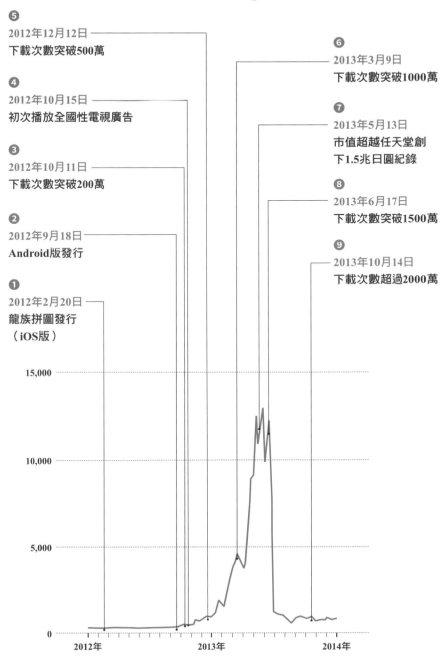

跟這個GungHo有類似的價格變動的，是從二〇一三年到二〇一四年股價大幅成長的「Mixi」（2121）。

Mixi在二〇一三年十月發行的手機遊戲「怪物彈珠」，推出後造成大流行，股價也隨之大幅上漲。

因此，我決定用這些跟遊戲相關的個股當例子，來向各位分析「買入時機」、「賣出時機」。

買入時機❶：當實際感覺到「大家都在玩」

最初可以舉出的「買入時機」，是當你實際感受到這個商品（服務）自己身邊在流行的時候。

例如像這樣的狀況：

〇身旁的朋友或小孩子，很多人都在玩那個遊戲

〇在捷運、公車上，常常看到有人在玩

〇實際上，你自己也很迷這個遊戲，還花錢買了

抓住像這樣的狀況，就可以撿到初期的投資機會。

買入時機❷：剛開始打電視廣告的時間點

開始大打新的電視廣告的商品或服務，提供這些商品服務的公司股價就有上漲的趨勢。

本來之所以會打電視廣告，就是因為對商品或服務有自信，認為可以確保營業額與獲利會超出投入的廣告費用。

手機遊戲在某種程度上，可以即時性掌握的有「下載次數」、「付費率」、「持續率」等實際數字。

然後，將應用程式從下載到付費為止的流程達到最適化、使

2013～2014年間Mixi的股價線圖

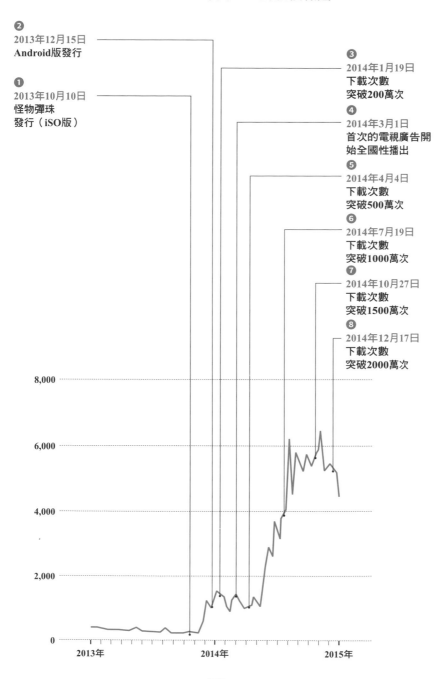

❷
2013年12月15日
Android版發行

❶
2013年10月10日
怪物彈珠
發行（iSO版）

❸
2014年1月19日
下載次數
突破200萬次

❹
2014年3月1日
首次的電視廣告開
始全國性播出

❺
2014年4月4日
下載次數
突破500萬次

❻
2014年7月19日
下載次數
突破1000萬次

❼
2014年10月27日
下載次數
突破1500萬次

❽
2014年12月17日
下載次數
突破2000萬次

8,000

6,000

4,000

2,000

0

2013年　　　　　　　2014年　　　　　　　2015年

付費率或付費金額達到最大化的企劃。

總之，手機遊戲打電視廣告，至少就證明了以下這件事：「正在採取為了讓付費金額（率）成長的手段，目前是只要吸引到夠多的玩家，預計就會有重大利益。」

「開始大打廣告的商品或服務銷售會成長」，這不只是在遊戲業界，在所有的業界都是同樣的道理。

以「保證有效」的廣告詞有名的RIZAP（原：健康CORPORATION）也是，在剛開始打電視廣告的時機（二〇一四年六月）買入股票的話，之後一年內股價約漲到十倍。

不過，透過電視廣告增加營業額的效果也有上限。當電視廣告的效果蔓延開來，到達家喻戶曉的狀況時，藉由電視廣告增加營業額的效果也就會轉趨薄弱。

於是，接下來就要看「賣出時機了」。

 選股達人的獲利筆記

廣告打很大，代表這家公司對該商品所展現出的自信，不過也要注意，如果廣告已經普及開來，就是差不多「飽和」了。

買入時機❸：由市場規模反推成長力、飽和度

所有的業界都存在「市場規模」，相對於這個市場規模、有多少的成長餘力，由這個角度去判斷買賣時機是很重要的。

龍族拼圖的股價與下載次數的變化看來，當下載次數超過「1300萬次」左右的時候，股價就開始崩跌了。

這時候發生了什麼事？明明下載次數是成長的，但是在一定期間內使用超過一次以上的「活躍使用者數」卻上不去，營業額開始觸頂了。

也就是說，雖然遊戲App有新的下載用戶，但是之前一直在玩的付費玩家開始離開了。

當所謂活躍使用者數觸頂之後，平均每人的付費金額若是不變，營業額也會到頂。

看清使用者退場的增加人數、大於新進場使用者的增加人數的時間點，就是關鍵的時刻。

在日本市場中的手機遊戲，成長開始鈍化的時機，就是大約「1300萬」下載數的時候。

以這個為基準點判斷，Mixi的股價在下載次數100萬或是200萬次的時間點就是「買入時機」，超過1000萬的下載次數後，就可以做出「差不多該賣了」的投資判斷。

 選股達人的獲利筆記

從類似個股的價格變動，可以推測初大致上的趨勢！

■■ 商品市場飽和了嗎？

相信你已經充分理解，在小型股集中投資上，用消費者感覺去掌握社會的流行是非常重要的關鍵了。

提前半步在商品或服務擴散到整個社會之前，就抓住上升趨勢、投資下去，在轉為下降趨勢之前，提早半步賣掉，就能獲取大筆的利差。

要掌握像這種流程的整體樣貌，**「創新擴散理論」**是很有幫助的。這是社會學者艾佛雷特 M・羅傑斯（Everett M. Roger）在一九六二年提倡的理論，不過這個理論在現代社會中也充分適用。

根據創新擴散理論，創新的商品或服務會先引導喜歡新事物的客層購買，當普及率「超過16%」，就會一口氣加速擴散。

更仔細的來看這個理論，最早奔向新商品或服務的，就是「Innovator（創新者）」（占全體的2.5%）。

接著，看到這些反應對流行事物敏感的「Early Adaptor」（早期採用者：占全體的13.5%）就會伸出手來。

這些創新者（2.5%）與早期採用者（13.5%）伸出手來，在普及率「超過16%」的時候，這項商品（服務）就會深入社會各層級紮下根來。

這個點我們稱之為「Chasm（鴻溝）」（在真正普及之前的市場的鴻溝），而商品或服務紮根下來就稱為「Crossing the Chasm（跨越鴻溝）」。

　　於是，稍微遲一點才跟上趨勢，相對較慎重的「**Early Majority早期追隨者**」（**占整體的34%**）會開始伸出手來。

　　疑心較重的「**晚期追隨者（Late Majority）**」（**占全體34%**）也會開始蜂擁而至。

　　然後到最後，對於新事物有抗拒感，更保守的「**落後者（Laggards）**」（**占全體的16%**）才會伸出手來。

　　以這個創新擴散理論為基礎的話，買股票的時機是「早期採用者」伸手的時候，賣股票的時候是「早期追隨者」出手的時候。也就是在跨越鴻溝之前買入，跨越之後賣出的意思。

　　買入的時機點，也就是剛剛理論中「早期採用者」伸手的時機，大約就是企業剛開始大力廣告之後。

　　你可能會認為，更早一點在「創新者」注意到的時機就投資

能掌握流行的整體樣貌的創新擴散理論

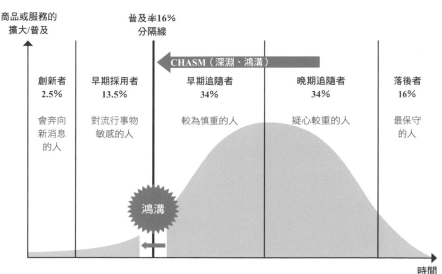

的話，就能得到更大幅的利差，但是在這個時間點，還只有部分的愛好者才會關注，股價有暫時不會變動的風險在。

　　本來就不是所有的商品或服務，都能擴大普及率到「16%」，然後跨越「鴻溝」。

　　創新者出手的時間點，還沒辦法確定這些新商品或服務是否真的能在社會上推廣開來，因此在創新者的時點投資，有點過早了。

　　就算哪天會跨越鴻溝，成為紮根在社會各層面的商品或服務、股價有上升的可能性，但當世人的認知還沒追上，長期間股價幾乎沒有反應的話，就會損失了投資機會。

　　賣的時候也是一樣，在「晚期追隨者」出手的時候，股價已經大幅下跌的可能性就提高了。

　　從早期追隨者演變到晚期追隨者之前的時機，是最佳的賣出時機。這個階段也是廣告已經在社會上滲透到某個程度，大家都已經認知的時機。

■ 什麼時機買蘋果會賺？

　　事先了解創新擴散理論，會很有幫助，我再舉一個例子讓大家更了解這個理論吧！

　　以身邊最明顯的例子來說，我們就來回顧一下iPhone在世上普及的過程。

　　在iPhone第三代（3G或是3GS）出產的二〇〇八至二〇〇九

年左右，掀蓋式手機的市占率仍是壓倒性的高，當時智慧型手機還未廣為普及。

這時候，就是以「創新者」為主的客層開始買入iPhone的時間點。

然而，在二〇一〇年iPhone4發售之後，智慧型手機一口氣普及起來了。這時候是早期採用者開始購買，正是跨越鴻溝的時期，也符合了「買入時機」。

二〇一一年iPhone4S發售，當初原本由軟體銀行Soft Bank在日本國內獨家販售的iPhone，現在KDDI（au）也開始銷售，iPhone的認知度一口氣升高。

將iPhone的普及套用在創新擴散理論的例子

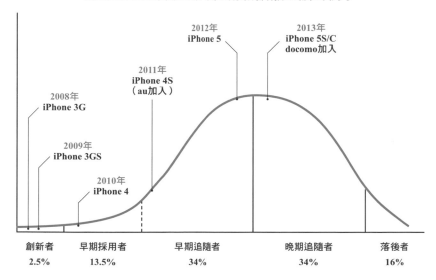

然後在二〇一二年，雖然iPhone5發售了，但是到這裡為止依然是早期追隨者（Early Majority）的時機，也就是符合「賣出

時機」的時期。

到了隔年二〇一三年，iPhone5S/C發售，NTTdocomo也開始販賣的時候，是晚期追隨者（Late Majority）的時機，風潮已經開始穩定下來了。

再說另一個例子，虛擬貨幣的「比特幣」價格變動，我們也用創新理論來推斷看看。

比特幣是在二〇〇九年誕生的，但是到進入二〇一七年為止，有很長的一段時間只有部分的核心人士在進行交易。到這個時期為止，都還是創新者的時期。

這時候的比特幣價格沒有重大的變動，一般人們對它的認識是「可疑的東西」。

然而，進入二〇一七年之後，虛擬貨幣交易所的電視廣告開始播出了。

於是比特幣的認知度慢慢上升，這是早期採用者的時機。**當電視廣告剛開始的時候，就是比特幣的「買入時機」。**

伴隨著一般的認知度升高的時候，比特幣的價格也緩緩漲了上去。

二〇一七年秋天到冬天，很明顯的，平常不投資的一般公司上班族和學生，也開始熱烈的討論起虛擬貨幣。

二〇一七年年初，原本不到1000美元的比特幣價格，在同年十二月十七日急速高漲到接近2萬美元。

就連過去對投資完全沒有興趣的人，都開始顯示出對虛擬貨幣有興趣的狀態，明顯就是大幅跨越鴻溝。

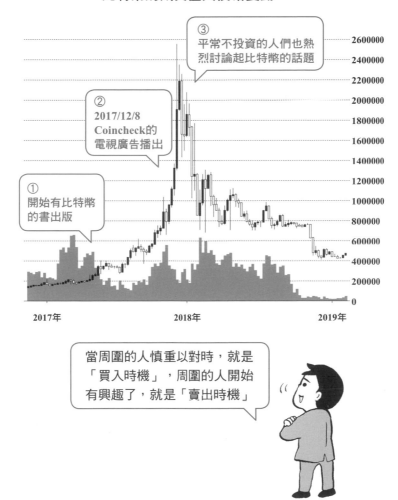

比特幣的成交值與價格變動

③
平常不投資的人們也熱烈討論起比特幣的話題

2600000
2400000
2200000
2000000
1800000
1600000
1400000
1200000
1000000
800000
600000
400000
200000
0

②
2017/12/8
Coincheck的
電視廣告播出

①
開始有比特幣
的書出版

2017年　　　　2018年　　　　2019年

當周圍的人慎重以對時，就是「買入時機」，周圍的人開始有興趣了，就是「賣出時機」

這裡就是早期追隨者是否會演變到晚期追隨者的時機，也就是「賣出時機」。

也可以說，就是「當周圍的人慎重以對的時候，就是買入的時機」，「當平常不投資的人開始有興趣了，就是賣出的時機」。

美國甘迺迪總統的父親約瑟夫‧甘迺迪，在一九二九年從全球經濟恐慌全身而退時說過一段名言：「當擦鞋童也開始跟你談股票的時候，就是該賣的時候了。」也就是知名的「擦鞋童理論」，和前述的賣出時機意思是相通的。

　　在泡沫經濟時的紐約華爾街頭，據說約瑟夫‧甘迺迪在請擦鞋童幫他擦鞋時，擦鞋童邊擦邊說：「現在股票好像很賺錢啊！股票還會再漲的，不買就虧到了。我也準備要買，叔叔你也去買比較好喔！」

　　對投資完全外行的擦鞋童，竟然向他推薦股票，這讓他警覺到「這樣很危險了」，於是把所有股票都賣了，才得以避開這場世界恐慌。

專家的三張
賺錢線圖

■■ 解讀股價線圖背後「投資人感情」

　　長期來看，股價被認為是「要落在該公司將來會賺到的利益再加上利息」的數字上。

　　但是實際上，我們遭遇到的許多狀況，卻是股價與這種理論上的數字相距甚遠。

　　這是因為股票行情當中包含了人的感情，而短期內的股價會受這些感情左右。

　　解讀「人的感情」的行為，就叫做「技術分析」。

技術分析＝　從顯示股價波動的「股價線圖」中，發現趨勢或模式，並預測股價未來的走向

　　「解讀股價線圖」，也就是「解讀股價線圖背後許多投資人的感情」。

　　因為技術分析中有許多指標，這些細節只要一開始說起就沒完沒了，開始做技術分析的人，往往會記住許多種指標，往技術的路上走。

　　事實上，沒有那個必要！如果高爾夫球想打得好，與其用很多球具去練習，還不如單拿一根7號鐵桿練習，進步得還比較快，在投資上這一點可以說也是一樣。

　　比起拼命記住各種技術指標，還不如紮實的學會基礎，能夠好好的充份使用來得更好。

　　就算你想記住無法充分利用的指標，也只是浪費時間而已，接下來就告訴各位重要的兩條「不能買」和一條「不要賣」的股價線圖吧！

■■ 這兩條股價線圖，絕對「不能買」

　　首先，我們來談談從股價線圖上判斷「不能買的股票」，大致上可以分為以下兩種。

> ☑ 持續下跌的股票
> ☑ 沒人在意的股票

　　你可能會這麼想：「那不是廢話嗎？」不過，企圖在底價買入、然後在上漲後賣掉的投資人，經常會出手買這種股票，然後慘遭失敗。

　　那麼，為何這兩種不能買呢？我們來一一仔細看看吧。

☑ 持續下跌的股票

　　持續下跌的股票，就算各方面條件看起來再有魅力，基本上還是不能買。

前面已經說過，投資股票就是「猜猜誰會獲得選美冠軍的遊戲」，**持續下跌的股票，也可以說就是「大家都覺得不可愛的股票」。**

就算你再怎麼偏愛的股票，但是身邊的人都覺得不可愛，即便你力推，但只要沒有壓倒性的投票數（投資金額），排行（股價）就不會上升。

專走遊輪旅行的網路預約公司「Bestone.Com」（6577），我從它在東證MOTHERS市場上市時就很注意，公司負責人暨最大股東，是HIS的創辦人澤田秀雄的長子澤田秀太。

Bestone.Com在二〇一八年四月二十五日上市之後不久，儘管業績有成長，下跌趨勢仍然持續。

之後打了底，將二〇一九年一月三十一日前的股票一股分割為兩股之後，就轉為上升趨勢。

如果是像這樣業績好的公司，雖然花了點時間，但是哪一天底部打好之後就會轉換到上升趨勢。

為了這個時機雖然你覺得「不錯」、但是在下跌趨勢的個股，就做一張「打底轉為上升趨勢後再買」的清單，然後把它列進去吧。

☑ 沒人在意的股票

「股票就是人氣投票」，從這句話來看，沒人在意的股票基本上就不能買。

誰也不看的股票指的就是「成交量低、幾乎沒有人交易的股

票」。

當然，也有明明是有實力的個股卻沒有人買賣的情形，至少那是現在沒有人注意到而已，所以到股價漲起來為止，有可能要等很長一段時間。

我投資的牛排店「IKINARI！STEAK」，經營這個連鎖店的東證一部上市公司「Pepper Food Service」（3053）也是這樣，我在新宿看到店門口大排長龍，認為「這家公司會成長」後，到實際上股價開始動起來，花了一年的時間。

這期間股票的成交量也低，股價無聲無息、沒有起伏。

雖然沒有重大損失也沒有獲利，但是把資金套在Pepper Food Service身上，就得不到「用同等的資金投資其他個股時可獲得的利益」了。

這個看不見的機會損失，其實是很大的。

這樣的個股，就應該把它列在「成交量增加、開始受矚目之後就買入」的個股清單上。

若是有實力的公司，因為某個新聞引發契機、開始動起來的時機再買入也不遲。

■ 這條股價線圖，最好「不要賣」

買進的個股上漲，出現未實現利益之後，接下來出現的課題就是「在哪個時間點賣」。

接著就來談談，如何從股價線圖上看出「不能賣的時機」。

若先從結論說起，那就是「上升趨勢持續的時候」不能賣。

你可能也會認為「這不是當然的嗎」，但是很多散戶之所以不會獲勝，就是明明出現損失也無法停損、住進套房，可是只要有一丁點獲利，就立刻賣掉。

成交量少，趨勢持平不動時的股價線圖

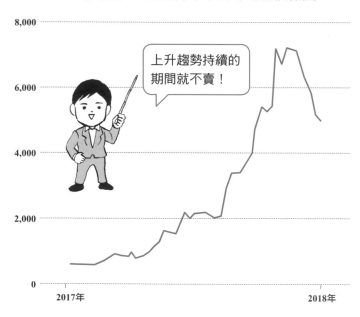

雖然稍微有點利差，就會一點一點實現利益，但卻無法一次停損，造成資產大幅減少，整體算下來賠錢的投資人非常多。

如果想在投資上獲勝，就必須採取完全相反的做法。

發生「未實現損失」的個股，就要快點停損，把這部分的資金追加到有未實現利益的個股上，整體的投資獲利就會上升。

要在投資上獲得重大利益的話，「立刻停損」和「上漲的個股要放久一點」，是基本的做法。

我們再一次回憶巴菲特的金句，「股票投資的奧義就是，找到好股票，在最佳的時機買入，只要他還是好公司就持續持有，只是這樣」。

有時候，股價還會大幅上漲到超過個股的潛力價格，原因是有時會發生「大家都買所以漲，因為漲所以大家就買」這樣的上漲螺旋。

就如前述，股價線圖的背後是活生生的投資人，可以試著想像一下人類的各種心理作用。

像這樣的情況，即使漲得稍微高了一點也持續持有，算好在上升趨勢開始崩塌的時候賣出，就能把利益放大。

要用什麼來判斷「上升趨勢崩塌（下降）」呢？最簡單的就是從線圖上看這支個股過去的股價變動來參考。

雖然有點難，不過用日K線（以日為單位表示行情變動的線）來看時，當股價稍微跌破了短期移動平均線時，如果看到以前跌破短期移動平均線好幾次都反彈的情況，那就不賣，持續持有。

在這個部分，雖然也因個股的特性有所不同、不能一概而論，但是參考這支股票過去的價格變動，來決定（漲幅）會持續多久應該就可以了。

這時候該小心的事情很簡單，就算上升趨勢崩塌，卻沒由來的相信「總有一天會反彈」而持續持股的想法。

要放棄賣在最高點的想法，「稍微跌下去一點再賣就好」，這樣的想法就恰到好處。

上升趨勢的股價線圖範例

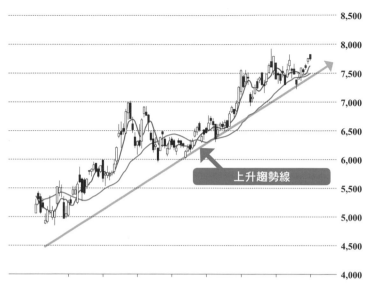

6月17日　7月8日　7月30日　8月20日　9月10日　10月3日　10月25日　11月18日

選股達人的獲利筆記

記住，買賣股票的都是「人」，人心難以
100%預測，不可以完全只靠技術分析。

Chapter

8

股票投資
不能做的8件事

■ 投資就是決定「不要做」的事

美國蘋果公司的共同創辦人史蒂夫・賈伯斯曾說，「決定不要做什麼事，這就是經營」。

要在股票投資上取勝也是，「決定不做什麼」是很重要的事。不用把時間花在多餘的事情上，可以只專注在真正該做的事情上。

因此，也當作複習本書到目前為止所說過的內容，我們就來檢視一下股票投資不能做的事情吧。

✕ 不可以分散投資

投資的世界裡，自古以來就倡導「不要把所有的雞蛋放在同一個籃子裡」（把所有的雞蛋都放在一個籃子裡的話，一掉地上就全部都破了），一直在訴求集中投資一個種類的資產的危險性。

為了迴避風險，「分散投資」已經變成常識，但是我自己卻找到了與這句話完全相反的結論。

也許很多投資家都認為，分散投資多支個股比較安全，但是實際上這就是無法致勝的投資典型。比起分散投資，集中投資反而更安全！

就我過去教過許多散戶投資人的經驗來看，初學者就要集中在一支個股，習慣了投資之後，就算增加了資金，投資的個股最

好也不要超過三支，這才是最佳的投資效率。

　　「**把雞蛋都放到一個籃子裡**」（但是要徹底調查，該放在哪個籃子裡！），**我認為這才是正確答案**。

　　巴菲特也說，「分散投資不是避開風險，而是『避開無知』」。

　　在著名的「投資組合理論」中，光是靠分散投資，就有可以維持預期的報酬同時又降低風險的效果。

　　然而，**讓分散投資有效的，只有在當投資組合以「億、千萬」為單位，資金豐厚的情況下**。

　　一般的散戶投資人如果分散投資多支不同的個股，一定會發生「咦？我為什麼買這支股票？」這種基礎性的混亂，或是在管理持有的股票上就變得怠惰。

　　╳「不要把雞蛋放在同一個籃子。」（掉下去會全部破掉）
　　○「雞蛋放在同一個籃子。」（但是要徹底調查該放哪個籃子！）

談到分散投資的風險時，我常會用小孩的人數來比喻，看看下面的問題，並且回答看看：

Q：當你有10個小孩，和只有1個小孩比起來，哪一種情況你更能正確掌握孩子身邊的大小事情？

　　答案很簡單吧！如果只有一個小孩，就很容易可以掌握孩子人在哪裡、在做什麼。但是有十個孩子的話，要掌握哪個孩子在哪裡做什麼，就很辛苦了。

　　同樣的，如果你分散投資很多支股票，結果就是所有的股票都變成不上不下。

　　在我指導投資的散戶投資人中，有人同時持有100支以上的股票，他就連自己到底持有哪些股票都無法掌握。

　　其中很多都是抱著未實現損失套牢的狀態，投資表現也並不佳。資金跟時間都有限的投資人，如果想要有效率地增加金錢的話，越是分散投資，效率就越差！

　　那麼，我再問一個問題。

Q：哪一種方法會讓你更認真的去尋找好的個股？
　　「用目前擁有的資金，分散投資10支股票。」
　　「用目前擁有的資金，集中投資1支股票。」

分散投資多支個股的話，用力的方法也會被分散，就容易產生「雖然也有不太清楚的地方，不過就算了」這種妥協心態。

如果疏於關心自己投資持有的股票，對於相關的新聞就有可能在沒有察覺的情況下就這麼遺漏了。

然而，**如果你集中投資一支個股，就會強烈的意識到「不能失敗」，讓你更仔細的去調查它。**

投資下去之後就會日常性的檢視相關新聞，也不會漏掉公司發布的新聞，可以認真的照顧這支股票。

因為只專注在一支股上，方便檢視價格的變動，比較容易掌握價格變動的習慣，身為投資人的技術也就更容易提升了。

選股達人的獲利筆記

要跳脫「分散投資才安全」的既定想法。

✕ 不要一直抱著已經跌下去的股票

有很多人因為股票價格比買入的時候低，所以就放著讓它套牢，這也是不可以做的事。例如，假設你買了某家公司的股票，很快地就下跌了10～20％。

「因為業績不差，總有一天會漲回來吧？」就算你這麼想，在這個時點停損，換回現金才是上策。

就算你認為會漲回來，繼續持有一年，結果就算損益打平了，或是轉為正數，投資在那支股票身上的錢，就等於被鎖住一

年。在這期間，你就失去了投資「會漲更多」的股票的機會。

　　假設你用3支個股組成了投資組合去投資，半年後檢視這個投資組合，把報酬最低的股票停損，然後把那部份的金錢拿去投資在報酬更高的個股上。

　　像這樣定期的重新排列投資組合，比起一直抱著一開始的組合，結果得到的報酬肯定會多出許多。

「等待漲價」的時間，也是損失

● 一開始的投資組合

● 半年後的投資組合
（賣掉報酬最低的1，增加買入報酬最高的3）

　　如前述，很多散戶投資人在得到一定程度的未實現利益之後，就會立刻賣掉換成現金，但是有未實現損失的股票，卻傾向於持續持有。

　　請你務必要試試看做出相反的操作，有未實現損失的股票就

早點停損，有未實現利益的股票就長期持有，這樣一來，你的投資表現會出現壓倒性的佳績。

開始下跌的股票會持續下跌，開始上漲的股票會持續上漲——這是投資的七大不可思議定律之一。

 選股達人的獲利筆記

開始下跌之後，會持續下跌，開始上漲之後就會持續上漲嘍～

✕ 不可以買知名大企業的股票

剛開始投資的人，最容易犯的錯誤就是直接買了家喻戶曉知名大企業的股票。

大學生最想進入的企業人氣排行榜前幾名，也大多是知名度高的大企業。My Navy人資公司跟日本經濟新聞社以2020年大學畢業生為對象，共同調查他們「最想進入的企業人氣排行」中，在文科系學生心中，排行最高的是JTB、全日本空輸、東京海上日動火災保險、索尼、日本航空；而理科系的學生則是索尼、味之素、明治、KAGOME、富士通等，排在榜上的每一家公司，都是知名的大企業。*

然而，世人覺得好的公司，與作為投資對象的好公司，完全是兩回事！

一般覺得是好公司的形象是「經營穩定的大企業」、「福利充實薪水高的良心企業」、「有傳統或是有品牌力的企業」等

等。

不過，對於投資人來說好公司的定義就只有一點，那就是「未來股價會大幅上漲的公司」。就如你已經了解的，對投資人來說，**不是現在的知名大企業，而是現在近乎無名，不遠的將來有可能會大放異彩的公司，才是好的公司**。

我之前曾經辦過給散戶投資人的座談會，當時其中一位參加者提到「我買了最近覺得還不錯的公司的股票，結果跌了好多……」。

其他的參加者問他，「你買了哪家公司的股票啊？」於是他告訴我們「是First Leading還有軟體銀行集團」。

問他買這兩家公司股票的理由，他是這樣回答的，「優衣庫的柳井正先生還有軟體銀行的孫正義先生，都是受人尊敬的知名企業家，公司的業績也不差……」。

也就是說，他選擇投資的是「值得尊敬的知名經營的大企業，業績也不壞的公司」。

我認為這兩家都是很棒的公司，柳井先生與孫先生也都是優秀的經營者。

*根據《Cheers》雜誌所做的調查，2020年新世代（大學和研究所應屆畢業生）最嚮往的企業，前20名依序如下：台積電、Google台灣、誠品、鴻海精密工業、長榮航空、中國鋼鐵、悠旅生活事業、聯發科技、宜家家居、中華航空、長庚醫療財團法人、國立台灣大學醫學院附設醫院、台達電子、台灣微軟、統一企業、公共電視、台灣電力、中華電信、台灣銀行、王品餐飲。
有6家企業連續三年進入TOP10：台積電、Google台灣、誠品、鴻海、長榮航空與中華航空。

比起「最想進的企業人氣排行」，應該投資的是現在無名但將來會成長的公司！

　　但是，**想要在股票投資上獲得重大利差的投資人應該買的，是即使現在規模仍小，未來股價有可能大幅上升的公司，這點千萬不能忘記。**

 選股達人的獲利筆記

投資對象不要管有名與否，「成長空間」才是重要的！

　　這一點上，First Leading跟軟體銀行集團都是市值規模數兆日圓的巨大企業，市值至少要在一年內漲到三倍以上的可能性，幾乎是零。

　　當然，以三年後、十年後更長的期間來思考的話，股價上漲變成二倍、三倍的可能性並不是零，但是在這麼長的期間把、股票套牢在那裡，損失的就是投資機會。

✕ 不可以看股價買股

「不可以看股價就買股」，很多人可能聽了心裡會浮現許多問號。「不看股價買股，那要看什麼買股？」

是，不是看股價，而是看「市值」才對！

在跟許多散戶投資人的談話當中，常常會聽見他們說，「因為股價便宜就買了」或是相反的「因為股價漲了所以沒買」等，理所當然的把股價當成買賣判斷的基準。

例如「一股3千元的股票有點貴，所以很難買得下手」，或是反過來「每股30元的股票很便宜，所以很好買」之類的。

當然，對於從小額資金起步的散戶投資人而言，能投資的股數（最低單位數）可以有多少是很重要的。

然而，**股價完全就只是「單價」，因此，不能單憑這個價格就判斷股票實質上是便宜還是貴。**

用指頭捏起一絲切成細絲的高麗菜，說「這根1元，要不要買？」應該不會有人說「很便宜呢，買吧！」。因為那無法判斷高麗菜的適當價格。

要判斷這顆高麗菜是便宜還是貴，就不能只看切成細絲的其中一根，而是必須掌握整顆高麗菜的價格。

股價就是把該公司切成細絲，從那相當於一根絲的數字，無法看出公司的實際狀態。

買股的時候，不是看股價，而是要看該公司的「市值」（將公司整個買下的價格）！

當然，股價也是有意義的，那就是在「股票分割」的時候。希望很多投資人來買股票的公司，會傾向於配合股價上漲來分割股票降低「單價」，讓投資人較易購買。

每股3000元的股票其必要的投資金額，若每一張100股，就要30萬元，股票分割為3份的話，則每股1000元，10萬元就可以買一張。

最低的必要投資金額變成了三分之一，就會有更多的散戶投資人會來買。

因此，**當企業發表股票分割的時候，股價就有上漲的傾向。**

當然，股票分割後雖然要投資公司的最低單價下降了，但是買下整家公司的價格（市值）本質上並未改變。

高麗菜切得再細，原本的高麗菜總量也還是不變，是一樣的道理。

不理解股票分割的真正意義就貿然投資下去的話，有一天說不定會因為自己持有的股票突然急跌而慌張失措。

許多投資人不看市值，理所當然似的著眼於股價，也有一部分是因為提供投資消息的雜誌或是網站、證券公司等，把股價放

不要看「股價」看市值來下投資判斷吧！

在最前面的緣故。

這些具體介紹許多個股的雜誌或是消息網站，雖然會提到股價，但是有很多完全不提有關市值的資訊。另一方面，比起市值，更要求股價資訊的投資方也是問題所在。

如果想在投資上獲勝，就不要由股價便宜還是貴來判斷，務必要檢視市值的規模。

本來「那家公司雖然有名，但是市值還小所以可以當作目標」或是「雖然那家公司不怎麼有名，但是市值竟然這麼大」這樣的討論才是看透本質的討論。

光是這一點，選股的方法應該也會有很大改變。

 選股達人的獲利筆記

養成不是看股價，而是看市值的習慣吧！

✕ 不可以買社群網路上正被推爆的股票

我聽散戶投資人說，像是「著名投資人○○○推薦的個股我就買買看」或是「推特上那個很有名的人發了推文，所以我就買了」，這樣「看到誰推某支股票就買」的情形正在增加。

買著名投資人推薦的個股，既有點說服力、而且不用自己花腦筋，很輕鬆。

但是，**囫圇吞棗的亂買著名投資人推薦的個股，或是在社群網路上正熱門的個股，是絕對不能做的事。**

就連巴菲特都曾經因為知道老師葛拉漢買了某支股票，就覺

得「既然葛拉漢都買了的話」，而買了同一支股票。

可是後來巴菲特被葛拉漢的盟友，也是投資人路易斯·格林教導說，「投資要用自己的腦袋去思考，不是別人推薦你就買」，從那之後他就開始自己調查，自己思考之後再投資。

推特有數萬名追隨者的知名投資人發文推薦的個股，就會有很多人下單買入。然而在推特上出於好意、發出特定個股的相關推文，最好是當成這些投資人他們為了要讓自己持有的個股上漲而散播的資訊就好。

在推特上越是被推爆，就會有越多人買入使股價上漲，因此，那個推薦的當事人或許正在估算「賣出時機」。

投資這種股票就像是在玩抽鬼牌一樣（而且鬼牌還有很多支），股價就算會急速上漲，只要一度崩跌，就是一口氣往下掉，請一定要注意！

如果你是一名整天盯著股價線圖的螢幕畫面、逐一追蹤價格變動的當日沖銷投機客，的確可以看網路上熱門的討論或推薦，但是如果你不是，即便是再怎麼知名的投資家推薦，若沒有經過自己動腦思考過，就絕對不要買。

直接買入投資雜誌上介紹的股票，或是因為是付費情報推薦的股票，就買囫圇吞棗不經思索地買下去，也一樣不可以！

人總是會受到想輕鬆賺錢的潛在意識驅使，這也是許多投資人容易陷入的典型失敗範例，這一點我一定要一而再再而三的提醒大家！

選股達人的獲利筆記

不可以把知名投資家推薦的個股當真！
和自己的辛苦錢有關，一定要自己觀察
評估。

✕ 不可以買你不懂的股票

所有成功的投資家都會告訴你，**「自己不懂的股票不能買」**。

與剛開始投資的人談話時，他們總把「股票投資很可怕」這樣的話掛在嘴上，但是這樣的人，就是因為「買了自己不太懂的股票」所以才會害怕。

「害怕」這種情感是對於「不了解的東西」，跟害怕幽靈或是妖怪是一樣的道理。

你會感覺「買車很可怕」嗎？

車子只要踩油門就會前進，踩剎車就會停住，轉動方向盤就可以向左向右轉，這些你都知道，所以你對於買車這件事本身，應該不會產生「害怕」的情感。

股票有可能造成金錢損失，所以也許會有感到害怕的餘地，但是對於這支股票（公司）的事情，如果你可以確實理解的話，「害怕」的情感就會變淡了。

那麼，要如何理解一家公司呢？

先問問自己，有關這家公司的下列這些項目，你是否可以對他人說明清楚？

☑	事業內容是什麼？
☑	商業模式是什麼？
☑	商品或服務是哪裡優越？
☑	社長是什麼人？
☑	大股東是誰？
☑	市值多少？
☑	營業額與利潤是多少？
☑	股價上漲的根據為何？
☑	股價下跌的話會是什麼原因？
☑	經營上的課題為何？

　　曾經有一位散戶投資人問我，「我認為未來半導體將會有所成長，因此投資了某家半導體製造商，你怎麼看？」

　　我當時就反問，「為什麼你認為半導體會成長？」，結果這位投資人說「我看投資雜誌裡的特輯這樣寫的」。

　　聽到這個回答，我已經知道**「這個人不是用自己的頭腦思考，而是全盤聽取他人的意見在投資」**，接下來，我又問了他另一個問題。

「半導體製造商也有很多家，為什麼你選這家？」

結果，「嗯，就覺得這家公司好像有聽過，應該可以吧」，他這麼回答。

從我們的一問一答就會明白，這位投資人並沒有自己去查過該半導體製造商，只是憑著現學現賣的資訊，就做了投資判斷。

如果有好好的了解的話，就能夠說出像下面這種程度的流暢說明才對。

「以全球觀點來看，電化製品的需求仍然在成長，而其中半導體又是電化製品不可或缺的零件。而以半導體來說又有各種各樣的產品，特別是這家公司所擁有的半導體技術，是以輕薄的特點獲得世界性的好評，在全世界的二十個國家已經取得專利。

該公司最近已經開發出新的半導體，而這種半導體預計是使用在手機上，似乎比過去其他公司的產品更薄了30％、輕了10％。如果這種半導體被使用在iPhone等手機上的話，估計會增加約1000億日圓左右的營業額，這樣一來可以期待市值將會成為目前的三倍！」

至少對於自己持有的個股，要能夠對其他人說明到這樣的程度才可以。（正因如此，我前面才提到不要分散投資，要集中投資！）

「不能理解的公司，就不要買他們的股票。」徹底做到這一點，就必然會把投資對象縮小範圍在自己熟悉、關心度高的業界。

這麼一來，你所不太懂的產業個股，也會很自然的被排除在外，就結果來說你的投資對象會減少，但是這並沒有問題。

相對的，把投資對象集中在與自己工作相關的業界、與興趣相關的業界、從事自己曾經實際體驗過的、能夠理解他們業務的公司，毫無疑問的將會提高致勝的機率。

而且，正因為是有興趣的領域，優點就是調查本身也會是一種享受。

 選股達人的獲利筆記

要能夠對他人流暢的說明自己投資的公司！

✕ 不可以因為銀行或證券公司推薦，就買投資信託基金

直接說出這一點，可能會惹火在銀行或證券公司工作的讀者，不過由於是事實，我決定好好說清楚。

之前因為金融廳試算「夫婦所需的養老資金必須要有2000萬日圓」的數字，引發了各界騷動，最近對投資有興趣的人就更增加了，我也開始經常接到「投資信託基金怎麼樣？」的這種諮商。

銀行或證券公司，還有就連郵局，都在積極銷售從二〇一八年一月開始以投資信託為基礎的「小額定期投資基金NISA」（小額定期投資非課稅制度）。

像這樣由金融機構推薦的投資信託等金融商品，你可以幾乎全部當成是「為了讓金融機構賺錢」的商品。

實際上，投資信託這種金融商品，並不是為了讓投資人賺錢而創造的商品，而是為了要讓銷售的銀行或證券公司賺錢而創造

的金融商品。

銀行或證券公司，基本上是靠操作這些投資信託基金的「手續費」來賺錢的商業模式，因此無論股價上漲或是下跌，他們都會賺錢。

考量經濟合理性的話，對金融機構來說，「創造投資人接受度高的投資信託商品」就會是他們的商業戰略。

也就是說，**投資信託基金是以「如何讓投資人多多購買以賺取手續費」為基礎所設計的商品**。

各式各樣的投資信託基金，因應時代的變化被開發出來。IT業界熱鬧風行的時候，就創造網羅了IT相關個股的基金；東京奧運、帕運決定後，預計錢會流入不動產投資，於是又創造了新的不動產投資信託（REIT）。

這樣的投資信託基金價格是不是會上漲，說真的，他們自己也不知道。如果知道會上漲，他們就不會賣給投資人，會整個包下來自己賺才對。

正因為不知道會不會上漲，才不自己去承擔整個買下來的風險，而選擇藉由擴大一般銷售來獲取手續費這種「穩賺不賠的生意」。

只要讓投資人買下自己創造的投資信託基金，就可以賺進手續費，所以會拼命的持續創造出投資人可能會喜歡的金融商品。

所謂投資信託，本來就這樣的商業模式。

特別是業務員強力推薦的金融商品，最好都直接當作「沒有一種會賺錢」才是上策。

二〇一八年十二月十九日，軟體銀行（9434）大張旗鼓的進

入市場首次公開上市，但是卻陷入了初上市價格的1463日圓、竟低於申購價格1500日圓的窘境。

然而會變成這樣，其實都有一些可預測的前兆。第一個徵兆就是，各證券公司的業務員都相當使勁的推銷。

陸續有許多投資人都接到來自不同證券公司的業務員打來詢問：「軟體銀行的IPO（首次公開募股）股，您有沒有興趣買？」的電話。

「也有可能為您確保更多的股數」，有些業務員也提出這樣的提案，在投資人之間到處流傳著這樣的傳聞。

從這件事情看來，便可推測出「軟體銀行的IPO銷售情況不好，有剩餘股數」。

以取得IPO或市場動向情報為目的，與證券公司的業務員保持往來，本身並不是壞事。

然而，這些業務員會強力推薦的基金，並不是為了讓投資人賺錢，而是為了賺取他們自己的手續費，希望各位一定認清這個事實。

✕ 不可以託別人投資股票

到目前為止，我和超過一千兩百位散戶投資人往來當中，發現有很多人有「投資就是把錢交給別人去幫你操作」這樣的誤會。

其中也有很多這樣的投資人——

- 交給認識的交易員去操作
- 利用自動交易系統去操作
- 投資月利率5%的投資案

　　如果是非常值得信賴的交易員也就罷了，其中還有每天5%的高配息案件，或是「三個月就變成1.5倍還給你」這種明顯可疑的投資案。

　　特別是以高利率為訴求的人，你託給他的投資本金，可能要抱著「全部都會賠光」的覺悟。

　　一開始的幾個月可能會有好的配息，但是以我的經驗來說，像這樣的投資案配息，有九成以上在一年內就會停止，然後就聯絡不上對方，本金也拿不回來了。

　　說起來這種「用高獲利對散戶吸金」，本來就不是什麼正經的投資案。

　　如果是正經的投資案件，就算不特別對散戶募資，只要向一定規模以上的基金募資，就會有很多地方會提出才對。

　　想想看就知道，如果是可以給出月利率5%配息的投資案，就一定要能夠持續性的產生超過月利率5%的利潤才行，不然就無法維持配息。

　　考量到公司的營運成本等等，至少必須要能持續產生月利率10%左右的利潤吧。

　　假如有可以持續生出月利率5%以上利潤的高收益模式，那

也沒有必要特地付出高額利息從散戶身上小額募資。

有從銀行貸款的路徑，也有向企業借款的路徑。目前是只要從這些途徑去借款，就可以募集到遠遠低於月息5%的資金的低利率時代。

承諾月利率5%這樣的金融商品，反過來說，就是由一些如果不用付出5%月利率的方法就募不到資金、信用程度低落至此的業者在操作。

每個月都有配息的投資案件，總的來說對投資人不利。站在操作者的立場上來思考就可以發現，要每個月拿出配息，就是每個月都必須要將配息的部分現金化的意思。

每個月調度過來用於配息的錢都必須是現金，無法用在投資上，因此這部分的投資效率就會下降——簡直就是惡性循環。

會有這種明知有這些壞處，還高唱「每月配息」的金融商品，是因為個人投資者有很高的需求。

因為如果訴求「每月配息」，很多人都會有一種可以獲得像薪水或是年金那樣每個月穩定的收入的「錯覺」。 甚至可以說，這是利用人類心理的一種「罪孽深重的商品」。

實際上，每個月配息類型的投資案件投資效率很差，通常遲早都必須把你的出資（本金）挪來配息。

新進場的散戶減少的話，資金就會減少，漸漸發不出配息，本錢也還不出來，最後就失聯了。請各位千萬千萬要注意！

 選股達人的獲利筆記

不要把自己的錢託給別人是最基本的！

每月可領5%現金利潤？那是詐騙集團！

像我這樣的投資家，會接到許多各式各樣的投資案件。

一般來説與股票投資有點不太一樣，我來對各位仔細説明「把錢委託給別人投資」的話有可能會發生的狀況吧。

以前曾經有「要不要投資『轉賣名牌商品』的事業？」這樣的案件找上門來。

這個「事業」的營業模式，是拜訪富裕階層的家裡，用現金買下他們的中古名牌商品，然後拿到樂天或是Mericari等網站上去轉賣，每一次轉賣約可以賺取20%利差。

重要的是，收購中古名牌商品的時候，必須要有現金，所以希望我能夠出資。買來中古名牌商品之後轉賣，賣出的時候把部分利潤分享給我的一種商業模式。

乍看之下很有道理，覺得以商業來説似乎是成立的，於是我就試著出資看看。

最初幾次的確是真的有分紅利給我，但是不久後情況就變得有點奇怪。

後來據説「名牌商品跟銀行帳戶都被國稅局扣住了」，也不知道是真的還是假的，只能自認倒霉，結果本錢都沒有收回來。

以上是我的案例。而我的朋友則遇到這樣的狀況：有人介紹了一位「天才操盤手」給他，要進行FX（外匯保證金）的投資案件。

跟這位天才操盤手見面時，對方拿了一本厚如舊時電話簿的「交易實績」給他看。

　　用月利率5％集資操作，過去一年來都沒有輸過，經常能維持在每個月10～15％的獲利之類。

　　上看來交易實績良好，也有穩定簽約的公司。

　　然而，實際出資之後，雖然一開始的幾個月都有紅利，但是後來就失去聯絡了。

　　後來朋友做了許多調查，才知道所謂豐富的交易實績根本是騙人的。那人根本連一次交易都沒有做過，只是把從投資人那裡收集來的錢（本金）直接拿來發紅利。

　　受騙的投資人變成原告，成了訴訟案件，但雖然投資人勝訴了，可是這位自稱天才操盤手的騙子如果沒有錢的話，投資的本錢也很難收回來吧。

　　這世上應該還暗藏許多像這樣把錢交給這種外人，結果扯上詐欺的投資案件。

　　雖然說這數字是憑感覺，不過從投資人身上募集資金，宣稱紅利很高（月利率3％以上）的投資案件，大概有一半機率會在三個月內，有八成可能會在半年內，約有9成在一年內，99％

在3年內會失去蹤影。

　　簡單來說，就是不要委託他人去幫你投資。如果無論如何都還是想掏錢的話，就想成「這筆錢是送給他的」比較好。

結　語

保持學習的衝勁，
也是投資常勝的秘訣

　　當被問到「成為億萬投資家的捷徑是什麼？」時，我會回答「集中投資小型股」，除此之外，我的第二個回答是「結交志同道合的投資人，讓成功的投資人指導你」。

　　當然，投資也可以自學，例如我就是從一竅不通、慘賠所有積蓄，到現在還算成功的投資家。

　　自學也很好，但是要更簡單快速的接近成功，就要結交志同道合的投資家，讓已經成功的投資家教導你成功的投資心法。

　　就算是從失敗的經驗中，也能學到不要重蹈覆徹的方法。

　　至於剛開始起步的投資人，更應該結交志同道合的投資夥伴。

　　每一位資深投資人，一開始也是初學者，初學者有可能會跌倒的地方，他們都已經經歷過一次。

　　如果有這樣的投資人來告訴你「那裡容易跌跤，要小心」的話，就能未雨綢繆。

　　投資人夥伴可以是真實世界裡的朋友，或是用社群網站搜索的話，應該能找到很多投資群組、社團等等，先從網路上聯繫起來也可以。我自己則主導了一個「ixi」的投資群組，有興趣的人請自行上網查一下。

　　不只是投資心法、跌倒的地方，跟自己不同的看法或思考方

式，光靠自己無法追蹤的情報等等，也都可以共享。

如果投資人有小孩，孩子們之間流行的遊戲，或是很受歡迎的補習班等等的消息也會流進來。

若有在廣告界工作的投資人，也會得到最近廣告費增加的公司或是產業的相關情報。

當然不只是得到資訊，本著施與受的精神，也請分享你從自己的工作或是家人那裡得到的情報。

二十或三十來歲的投資人，對最新的流行趨勢也很敏感，而中高年齡層的投資人則對於銀髮商品或服務關心度很高，也可以聽到當事人的意見。

無論如何，增加志同道合的投資人夥伴，藉由交換情報，就能夠得到光靠自己無法獲得的廣度資訊，深度考察等等。

在投資上，有投資夥伴的環境會是一個很了不起的無形財產。不過，就跟推特上的消息一樣，不能完全不思考不動腦地盲目買下這些投資夥伴所持有的個股。

在提高投資的知識或經驗法則上，或是在結交投資人夥伴上，如果本書可以對你有所助益，就是身為作者最大的榮幸了。

2019年12月　遠藤洋

投資家一個月的行程表

一面投資一面旅行

（以2019年6月為例）

星期一 Monday	星期二 Tuesday	星期三 Wednesday
3日 寫作、晚上跟投資友人聚餐	4日 在經營者群組交換情報或開讀書會、晚上直接辦懇親會	5日 檢查合約、晚上與友人共飲
10日 （新加坡） 與當地友人開會	11日 （新加坡） 開會	12日 （新加坡） 開會、參觀當地經營者的辦公室 →聚餐
17日 （帕岸島） 前往泰國帕岸島，在當地與5位友人會合參加滿月趴	18日 （帕岸島） 租機車環帕岸島一周、晚上在當地與朋友晚餐	19日 （蘇美島） 由帕岸島前往蘇美島的麗池卡登酒店
24日 （蘇美島） 搭機飛回東京	25日 在家中休息	26日 白天讀書晚上在經營者友人辦公室打麻將、開章魚燒趴

星期四 Thursday	星期五 Friday	星期六 Saturday	星期日 Sunday
		1日 從哈薩克飛東京、中午聚餐、晚上BBQ	2日 ixi關西分會、寫作、重新檢視投資組合
6日 與經營者午餐會議、午後一件會議、晚上在自家酒吧開日本酒會	7日 與經營者朋友開會、晚上在家找壽司職人來外燴與經營者友人聚餐	8日 製作合約書討論草案、與經營者午餐會議、參加朋友婚禮、續攤	9日 與出資對象的公司董事開會、飛新加坡
13日 （新加坡） 開會	14日 （馬來西亞） 飛往吉隆坡、戶外小攤子吃晚餐	15日 （馬來西亞） 視察投資用不動產	16日 （馬來西亞） 在飯店酒吧閱讀、工作
20日 （蘇美島） 與友人打高爾夫	21日 （蘇美島） 在飯店泳池悠閒度過，前往在Airbnb租的別墅（與約20位投資群組的成員會合，晚上派對）	22日 （蘇美島） 與ixi成員們搭船跳島旅遊	23日 （蘇美島） 騎機車環島一周，晚上大家一起BBQ
27日 晚間與投資家朋友晚餐	28日 下午有兩場會議，晚上與友人到兩國的精釀啤酒專賣店	29日 閱讀、寫作、製作講習會資料	30日 以一般人為對象的講習會、晚上在銀座吃和式料理

國家圖書館出版品預行編目資料

挑出穩賺股的100%獲利公式/遠藤洋著；張婷婷翻
譯.-- 初版.-- 新北市：幸福文化出版：遠足文化發
行, 2020.11
　面；　公分
　ISBN 978-986-5536-22-0 (平裝)
　1.股票投資　2.投資技術　3.投資分析
　563.53　　　　　　　　　　　　　　109015939

富能量 08

挑出穩賺股的100%獲利公式

專買「一年會漲三倍」的爆賺小型股，3萬本金在10年滾出3000萬！

10万円から始める! 小型株集中投資で1億円

作　　者：遠藤洋　　　　　　　　　　出版總監：黃文慧
譯　　者：張婷婷　　　　　　　　　　副 總 編：梁淑玲、林麗文
責任編輯：賴秉薇　　　　　　　　　　主　　編：蕭歆儀、黃佳燕、賴秉薇
封面設計：萬勝安　　　　　　　　　　行銷總監：祝子慧
內文設計・排版：菩薩蠻　　　　　　　行銷企劃：林彥伶、朱妍靜
印　　務：黃禮賢、李孟儒

社　　長：郭重興
發行人兼出版總監：曾大福
出　　版：幸福文化／遠足文化事業股份有限公司
地　　址：231新北市新店區民權路108-1號8樓
粉 絲 團：https://www.facebook.com/happinessbookrep/
電　　話：（02）2218-1417　傳真：（02）2218-8057

10 MAN-EN KARA HAJIMERU ! KOGATA KABU SHUCHU TOSHI 1 OKUEN
by Hiroshi Endo
Copyright © 2019 Hiroshi Endo
Traditional Chinese translation copyright © 2020 by Happy Publishing Co., Ltd.
All rights reserved.
Original Japanese language edition published by Diamond, Inc.
Traditional Chinese translation rights arranged with Diamond, Inc.
through Keio Cultural Enterprise Co., Ltd., Taiwan.

發　　行：遠足文化事業股份有限公司　　　　郵撥帳號：19504465
地　　址：231新北市新店區民權路108-2號9樓　客服電話：0800-221-029
電　　話：（02）2218-1417　傳真：（02）2218-1142　網　　址：www.bookrep.com.tw
電　　郵：service@bookrep.com.tw

法律顧問：華洋法律事務所 蘇文生律師
印刷：通南印刷有限公司　電話：（02）2221-3532
初版三刷　西元2021年3月
定價：380元

挑出 | 專買「一年會漲三倍」的爆賺小型股，
3萬本金在10年滾出3000萬！

穩賺股的
100%
獲利公式

遠藤洋 Hiroshi Endo　　張婷婷——譯

幸福文化　　書 名 挑出穩賺股的100%獲利公式　　書 號 0HDC0008

讀者回函卡

感謝您購買本公司出版的書籍，您的建議就是幸福文化前進的原動力。請撥冗填寫此卡，我們將不定期提供您最新的出版訊息與優惠活動。您的支持與鼓勵，將使我們更加努力製作出更好的作品。

讀者資料

●姓名：＿＿＿＿＿＿＿　　●性別：□男　□女　●出生年月日：民國＿＿年＿＿月＿＿日

●E-mail：＿＿＿＿＿＿＿＿＿＿＿＿＿＿＿＿＿＿＿＿＿＿＿＿＿＿＿＿

●地址：□□□□□＿＿＿＿＿＿＿＿＿＿＿＿＿＿＿＿＿＿＿＿＿＿＿

●電話：＿＿＿＿＿＿＿＿　手機：＿＿＿＿＿＿＿＿＿　傳真：＿＿＿＿＿＿＿＿＿

●職業：□學生　　　　　□生產、製造　　　□金融、商業　　　□傳播、廣告
　　　　□軍人、公務　　□教育、文化　　　□旅遊、運輸　　　□醫療、保健
　　　　□仲介、服務　　□自由、家管　　　□其他

購書資料

1. 您如何購買本書？□一般書店（　　　縣市　　　　書店）
　　　　　　　　　　□網路書店（　　　　　　書店）　□量販店　□郵購　□其他

2. 您從何處知道本書？□一般書店　□網路書店（　　　　　書店）　□量販店　□報紙
　　　　　　　　　　□廣播　□電視　□朋友推薦　□其他

3. 您購買本書的原因？□喜歡作者　□對內容感興趣　□工作需要　□其他

4. 您對本書的評價：（請填代號 1.非常滿意 2.滿意 3.尚可 4.待改進）
　　　　　　　　　□定價　□內容　□版面編排　□印刷　□整體評價

5. 您的閱讀習慣：□生活風格　□休閒旅遊　□健康醫療　□美容造型　□兩性
　　　　　　　　□文史哲　□藝術　□百科　□圖鑑　□其他

6. 您是否願意加入幸福文化 Facebook：□是　□否

7. 您最喜歡作者在本書中的哪一個單元：＿＿＿＿＿＿＿＿＿＿＿＿＿＿＿＿＿＿＿

8. 您對本書或本公司的建議：＿＿＿＿＿＿＿＿＿＿＿＿＿＿＿＿＿＿＿＿＿＿＿

＿＿＿＿＿＿＿＿＿＿＿＿＿＿＿＿＿＿＿＿＿＿＿＿＿＿＿＿＿＿＿＿＿＿＿＿

＿＿＿＿＿＿＿＿＿＿＿＿＿＿＿＿＿＿＿＿＿＿＿＿＿＿＿＿＿＿＿＿＿＿＿＿

＿＿＿＿＿＿＿＿＿＿＿＿＿＿＿＿＿＿＿＿＿＿＿＿＿＿＿＿＿＿＿＿＿＿＿＿

＿＿＿＿＿＿＿＿＿＿＿＿＿＿＿＿＿＿＿＿＿＿＿＿＿＿＿＿＿＿＿＿＿＿＿＿

＿＿＿＿＿＿＿＿＿＿＿＿＿＿＿＿＿＿＿＿＿＿＿＿＿＿＿＿＿＿＿＿＿＿＿＿